40 से 40 करोड़...

Lockdown के वो 40 दिन

अंजना रितौरिया

notionpress
.com
INDIA • SINGAPORE • MALAYSIA

Notion Press

No. 8, 3rd Cross Street
CIT Colony, Mylapore
Chennai, Tamil Nadu – 600004

First Published by Notion Press 2020
Copyright © Anjanaa Reetoria 2020
All Rights Reserved.

ISBN 978-1-64919-534-0

This book has been published with all efforts taken to make the material error-free after the consent of the author. However, the author and the publisher do not assume and hereby disclaim any liability to any party for any loss, damage, or disruption caused by errors or omissions, whether such errors or omissions result from negligence, accident, or any other cause.

While every effort has been made to avoid any mistake or omission, this publication is being sold on the condition and understanding that neither the author nor the publishers or printers would be liable in any manner to any person by reason of any mistake or omission in this publication or for any action taken or omitted to be taken or advice rendered or accepted on the basis of this work. For any defect in printing or binding the publishers will be liable only to replace the defective copy by another copy of this work then available.

ये मेरी पहली किताब ४० से ४० करोड़, मैं अपने आदरणीय दादाजी और नानाजी को श्रद्धांजलि के रूप में समर्पित करती हूँ

श्री नाथूराम रितौरिया

श्री रामचरण वर्मा

"ॐ श्री गणेशाय नमः"

ये बुक हर उस व्यक्ति को समर्पित है, जिसे ज़िन्दगी में बदलाव चाहिए, जिसका सबसे बड़ा सवाल है खुश कैसे रहा जाए? जिसे ज़िन्दगी में सब कुछ चाहिए और बहुत जल्द, जो बड़े सपने देखता है पर ये नहीं जानता या मानता कि सपने सच होते है और बहुत ही आसानी से।

जो जानना चाहता है अमीर होने का फार्मूला क्या है? या फिर जिसे लगता है कि सफलता सिर्फ़ अमीर लोगों की किस्मत में है या किस्मत वाले लोग ही धनवान या सफल होते है।

ये बुक हर उस व्यक्ति को समर्पित है जिसकी आँखों में धनवान बनने का सपना है, कम उम्र में ही दुनिया घूमने का, या फिर उम्र से पहले रिटायर हो जाए ऐसा सुख जिसे चाहिए।

ये बुक हर उस व्यक्ति को समर्पित है जिसके पास सपने तो है पर पूरे करने का रास्ता नहीं और जो जानना चाहता है उसके जीवन का उद्देश्य क्या है? और कैसे उस मुकाम तक पहुँचे जहाँ वह अपने ऊपर गर्व कर सके, अपना नाम कमा सके और अपने परिवार का नाम करने का जिसका सपना हो।

मेरी ये बुक हर उस व्यक्ति को समर्पित है जिसे पता है कि इस ब्रह्माण्ड में एक पावर है जिसे सफल और धनवान लोग जानते है, अपनाते है पर बताते नहीं।

आज वही सीक्रेट लेकर, कई धनवान और सफल व्यक्तियों के जीवन से लिया ज्ञान आप सबको समर्पित करने जा रही हूँ, जहाँ मेरी Mentor Abrahim Hicks, joseph Murphy, Tony Robbins, Wyne W. Dyer, जैसे कई सफल व्यक्तियों से संजोया हुआ वह सफल फार्मूला है जो आपकी ज़िन्दगी बदल सकता है, बस एक कदम आगे बढ़ाने की देर है।

चलिए शुरू करते है ४० से ४० करोड़ तक का मेरा सफ़र मेरी ही कहानी के साथ।...

अंजना रितौरिया

Contents/अंतर्वस्तु

Acknowledgement 9
४० से ४० करोड़, Lockdown के वह चालीस दिन *Introduction* 23

1. Thank You & Gratitude/धन्यवाद और आभार 27
2. Universe and its Contribution/ब्रह्मांड और उसका योगदान 32
3. Law of Attraction/आकर्षण का सिद्धांत और रहस्य 37
4. Avoid 3 Cs/3-सी से बचें 43
5. Habits and Life Style/आदतें और जीवन शैली 47
    A. Brain and System Cleansing/मस्तिष्क और प्रणाली की सफाई 49
    B. Affirmations/अभिपुष्टियों 53
    C. Apprecitaion/प्रशंसा या सराहना 56
    D. Meditation/ध्यान 60
    E. Visualisation/मानसिक-दर्शन 66
    F. Vision Board/मानसिक दृश्य 72
    G. Release and Relax/भूलना और बेफिक्र होना 75
    H. Reading, Writing and Listening/पढ़ना, लिखना और सुनना 78
6. Sleep is a Bliss/नींद और उसका महत्त्व 87
7. Day Dreaming/दिवा स्वप्न देखना 92
8. Being Happy is an Art/खुश होना भी एक कला है 94
9. Motivation/प्रेरणा 101
10. Abrahim Hicks/My Mentor/My Motivation/A Pure Soul 104
11. Money and Rich/पैसा और धनवान 107
12. Celebration/उत्सव और जश्न 117
13. Conclusion and Summary/निष्कर्ष और सारांश 121

Acknowledgement

ये बुक एक माध्यम है आभार व्यक्त करने का, जो सब मेरी इस ज़िन्दगी में किसी न किसी तरह शामिल है, आज मैं उन सबको धन्यवाद देना चाहती हूँ,

"भगवान् न दिखाई देने वाले माता पिता होते है, किन्तु माता पिता दिखाई देने वाले भगवान् होते है।"

सबसे पहले मैं धन्यवाद देना चाहूंगी अपनी माता श्रीमती द्रोपदी रितोरिया को, जिन्होंने मुझे जन्म दिया, आत्मविश्वास और कभी हार ना मानना मुझे उन्ही ने सिखाया है, आज अगर उनकी दी हुई परवरिश मेरे साथ न होती तो मुंबई में अकेले अपनी बच्ची की परवरिश बहुत कठिन होती, आज मैं उनको तहे दिल से धन्यवाद देती हूँ और अपना आभार व्यक्त करती हूँ, बाईपास सर्जरी हो या पैरालिसिस का अटैक, ७२ साल की उम्र में भी न तो उन्होंने कभी किसी बीमारी से हार मानी और न ही कभी थकी, उनकी एक बड़ी सीख कि "हारना और थकना नहीं है" ' ने मुझे कभी हारने और थकने नहीं दिया, आपको शत-शत प्रणाम।

मैं धन्यवाद करना चाहूंगी अपने पिता श्री रामस्वरूप रितोरिया को, जिन्होंने मुझे चलना और बढ़ना सिखाया। मैंने उन्हें सबकी मदद करते देखा है, अपने परिवार का ख़याल, अपने माता पिता कि सेवा और निस्वार्थ भाव से बिना किसी अपेक्षा के सबकी मदद करना मैंने बचपन से देखा है और उन्ही से सीखा है।

मैं तहे दिल से उनका धन्यवाद और आभार प्रकट करती हूँ जिन्होंने माफ़ी का मतलब सिखाया, बिना किसी बुरी भावना के सबको माफ़ करके आगे बढ़ो ये मैंने उन्ही से सीखा है जो मेरी इस ४० से ४० करोड़ की यात्रा में काफी काम आया। क्योंकि बोझ किसी भी तरह का हो सर पर या दिल पर आप चढाई नहीं कर सकते, मैंने ज़िन्दगी में हर इंसान को माफ़ किया और साफ़ और निर्मल दिल और मस्तिष्क की वजह से ही आज यूनिवर्स के हर नियम

का पालन कर पायी। तहे दिल से आपका धन्यवाद, आपकी दी हुई सीख और परवरिश के लिए।

"गुरु गोविन्द दोऊ खड़े, काके लागूं पांय।
बलिहारी गुरु आपने गोविन्द दियो बताय॥"

अपने इष्ट श्री गणेश को धन्यवाद देने से पहले मैं धन्यवाद करती हूँ मेरे पिता स्वरुप गुरूजी श्री पंढ़रीनाथ चव्हाण उर्फ़ वैभव गुरूजी का, जिन्होंने मुंबई शहर में कभी अकेले होने का एहसाह होने नहीं दिया आज उनको और उनके पूरे परिवार को मैं तहे दिल से आभार व्यक्त करती हूँ, जिन्होंने मुझे आत्मबल, आत्मविश्वास दिया। पीछे मुड़कर कभी नहीं देखना और हमेशा आगे बढ़ने की सीख और शिक्षा उन्होंने ही दी।

अगर आप सम्पन्न है और किसी भी प्रकार से किसी की मदद कर सकते है तो कभी पीछे नहीं हटना चाहिए ये मैंने उनसे सीखा और आज ये किताब लिखने का कारन भी हर उस व्यक्ति की मदद करना है जो ज़िन्दगी में आगे बढ़ना चाहता है, ज़िन्दगी में कितना भी दुःख और तकलीफ आयी, उनसे मैंने हमेशा आगे बढने और सफल होने का आशीर्वाद पाया और आज उन्ही की दी हुई शिक्षा और आशीर्वाद से ये किताब लिख पायी हूँ।

मेरा शत-शत प्रणाम उन्हे और तहे दिल से धन्यवाद और आभार, उन्होंने एक पिता कि तरह हमेशा मेरा साथ दिया और मुझे आगे बढ़ने का प्रोत्साहन, आज मैं जहाँ हूँ उनकी दी हुई सीख और शिक्षा कि वजह से हूँ।

बहुत भाग्यशाली होते है वह जिन्हे माता पिता और गुरु का आशीर्वाद प्राप्त हो, पर माता पिता, गुरु और ईश्वर का साथ जिसे मिल जाए बस फिर क्या है, आपको सारे आशीर्वाद मिल जाते है।

माता पिता और अपने गुरूजी को धन्यवाद के बाद मेरे इष्ट श्री गणेशा को मेरा धन्यवाद देना चाहती हूँ, जिन्होंने हर साल, हर महीने, हर दिन और हर पल मेरा साथ दिया, शायद ही कोई ऐसा दिन रहा हो जब उनसे मैंने बात न की हो, घर, पैसा, बच्ची का एडमिशन, माँ के स्वास्थय के लिए प्रार्थना करना और पता नहीं कितनी मंन्नतें उनसे पिछले कई वर्षों से मांगती रही हूँ और वह कभी थकते ही नहीं, क्योंकि ज़िम्मेदारी ली है उन्होंने मेरी कभी साथ न छोड़ने की, ऐसा लगता है बल्कि कितनी बार उन्होंने अपने होने का प्रमाण दिया है मुझे और मेरी बेटी को, कभी लगा ही नहीं की मुंबई में अकेली हूँ मैं।

ईश्वर भी आपका साथी बन जाता है जब आप सही राह का चुनाव करते हो, ७ साल की छोटी बच्ची को अकेले बाहर से ताला लगाकर कई बार जब छोड़ कर काम पर जाना पड़ता तो अपने श्री गणेशा को कहती की मेरी अनुपस्थिति में उसकी ज़िम्मेदारी उनको सौंपकर जा रही हूँ और अपनी बच्ची को समझा कर जाती की कुछ मदद चाहिये तो ये गणेशा आपका ख्याल रखेंगे, बस फिर क्या था आज वही बच्ची १५ वर्ष की हो गयी पर आंच तक नहीं आने दी माँ बेटी पर भोलेनाथ के बेटे श्री गणेश ने।

हे गणेशा आपको कोटि-कोटि प्रणाम मेरी और मेरी बेटी की ज़िम्मेदारी लेने के लिए और हर बड़ी से बड़ी मुसीबत से बचाने के लिए, सिर्फ़ आपको याद करने की देर होती और आप आ जाते है मदद के लिए।

मैं धन्यवाद देती हूँ मेरी मार्गदर्शिका और मेरी सुख दुःख कि साथी मेरी दोस्त रेवती चौधरी को, जिसने मेरा पूरा सफ़र मेरे साथ जिया हो इस तरह साथ था, परछाई की तरह वह हमेशा कभी मेरे आगे तो कभी पीछे तो कभी साथ में खड़ी रही, पर साथ कभी नहीं छोड़ा, कभी सच्चे दोस्त की तरह मेरे साथ हंसी तो कभी रोई, कभी मेरे साथ उत्सव मनाया तो कभी मेरा प्रोत्साहन बढ़ाया तो कभी सही राह दिखाने कि लिए एक कठोर इंसान बनकर और डांट कर समझाया। सच्चा दोस्त होने की परिभाषा और दोस्ती के सही मायने मैंने रेवती से सीखे।

मैं धन्यवाद देती हूँ अपनी मार्गदर्शिका और अपनी दोस्त रेवती और उनकी प्यारी से बेटी नाविका को, जिनके साथ होने से परिवार होने का एहसाह हुआ, मुंबई शहर में वह हो न हो, पर मार्गदर्शन देने और मुझे समझने और समझाने कि लिए सिर्फ़ एक कॉल की दूरी थी बस।

संघर्ष से सफलता का श्रेय मैं अपनी दोस्त रेवती को देकर उनका आभार व्यक्त और धन्यवाद करती हूँ, हमेशा मेरे साथ रहने और साथ देने के लिए।

मुंबई में संघर्ष को सफलता में बदलने का गुर मुझे मेरी दोस्त रेवती ने ही दिया और आज मैं मेरे जीवन में जितनी खुशियां और सफलता है ये सब रेवती की टीचिंग्स है, ये ४० से ४० करोड़ तक का सफ़र रेवती और अब्राहिम हिक्स कि टीचिंग्स को जाता है।"Gratitude towards Revti and Abrahim Hicks",Thank you so much।

मैं धन्यवाद देना चाहती हूँ मेरे तीनो बड़े भाइयों वीरेंद्र रीतोरिया, धीरेंन्द्र रीतोरिया और जीतेन्द्र रीतोरिया को, जिन्होंने बचपन से जो आत्मविश्वास

दिया,"किसी से कभी नहीं डरना, और हमेशा सही के लिए लड़ना", ये मैं तब ही कर पायी जब मेरे तीनो भाइयो को बचपन से हमेशा अपने पीछे खड़ा पाया। मेरा तहे दिल से धन्यवाद अपने बड़े भाई श्री धीरेन्द्र रीतोरिया को जिन्होंने मेरा हर दिन और हर पल साथ दिया, इस किताब लिखने की दौरान फ़ोन पर मेरी तबीयत और मेरी प्रोग्रेस की बारे में उन्होंने रोज़ पूछा और मेरा प्रोत्साहन बढ़ाया, ऐसा भाई हर किसी के जीवन में हो जो एक दोस्त बनकर आपको सुने, समझे और जहाँ आप ज़िन्दगी में ठिठक जाओ आपको सुझाव देकर सही रास्ता दिखाकर आपको आगे बढ़ाये। दूसरों की ख़ुशी में निस्वार्थ भाव से खुश होना इतना आसान नहीं होता पर ये मैंने उनसे सीखा, एक संतुष्ट प्रवृति मानव के खुश रहने के लिए बहुत ज़रूरी है, पॉजिटिव ऐटिटूड और बच्चों की ख़ुशी को प्राथमिकता देना उन्हें एक बहुत अच्छा इंसान और पिता बनाता है।

मैं धन्यवाद करती हूँ अपने भाई, अपनी भाभी गीता रीतोरिया और अपने प्यारे भतीजे प्रवेश और भतीजी प्रियाशा का, हमेशा मेरा साथ और मेरी ज़िन्दगी में रहने के लिए।

मैं धन्यवाद देती हूँ और आभार व्यक्त करती हूँ अपनी सिस्टर संध्या का, जो मुझसे सिर्फ़ दो वर्ष ही बड़ी है पर सीख माँ की तरह देती है, मेरी तबीयत का पूछना और मुझे क्या खाना चाहिए, क्या पीना चाहिए, यहाँ तक की मेरे सोने और जागने के वक़्त पर भी कड़ी निगरानी रखना उनकी आदत में शुमार है, स्कूल में प्रिंसिपल है पर मुझे वह अब भी एक बच्चे की तरह सीख देना नहीं छोड़ती। कई बार कहना पड़ता है, की अब मैं बचपन की गुड़िया नहीं बल्कि एक १५ वर्षीय बच्ची की माँ हूँ, फिर भी डर लगता है जब मेरी प्रिंसिपल बहन का फ़ोन आता है, दीदी आपको बहुत-बहुत धन्यवाद मेरी ज़िन्दगी में होने के लिए, मुझे प्रोत्साहित करने के लिए, आपके हर फ़ोन कॉल पर जिसमे से खुशबु आती है कि आपको अपनी बहन पर गर्व है, थैंक्यू मुझमे अपना विश्वास रखने के लिए।

मैं धन्यवाद करती हूँ, अपनी बुआ श्रीमती सावित्री वर्मा का जिन्होंने मेरा प्रोत्साहन बढ़ाया और हर उस पल साथ दिया, जब मैंने अपने आपको अकेला पाया, अपनी बच्ची के साथ अकेले मुंबई में रहने पर उनकी नाराजगी और ये कहना कि मैं उनके साथ रह सकती हूँ, ये बहुत बड़ा सम्बल था मेरे लिए। मेरे किताब लिखने की बात सुनकर उनका प्रोत्साहन कि मैं लिख सकती हूँ, ने मेरा आत्मविश्वास बढ़ाया, मेरा शत-शत प्रणाम आपको और आपके दिए प्रोत्साहन को।

Acknowledgement

मुंबई में पिछले ९ बर्षों से यूँ तो मैं और मेरी बच्ची अकेले है पर मुंबई ने बहुत बड़ा परिवार दिया दोस्तों का, आज अपने सभी दोस्तों को मेरे इस सफ़र को सरल बनाने के लिए बहुत-बहुत धन्यवाद और मेरा आभार।

विनिशा जयपुर से जब मुंबई आयी तो कुछ महीने मेरे साथ रही, दिन रात बात किया करते थे, अपनी-अपनी ज़िन्दगी की बातें रात-रात भर बैठकर शेयर किया करते, एस्ट्रोलॉजी में महारत थी उनकी और ये मेरा भी मनपसंद विषय था बात करने का, पहली बार इन्होने ही मुझे कहा और सुझाव दिया कि मुझे किताब लिखनी चाहिए, उनका एस्ट्रोलॉजी का prediction था जिसपर मैंने कभी ध्यान नहीं दिया, आज जब ये किताब लिख रही हूँ तो उनका दिया prediction कैसे भूल सकती हूँ, विनिशा से जो दोस्ती का रिश्ता शुरू हुआ कब वह मेरी स्पिरिचुअल गाइड बन गयी की आज उन्ही के दिए कई सुझाव ज़िन्दगी में बहुत काम आये, वह बहुत व्यस्त रहती है अपनी एस्ट्रोलॉजी में तो वक़्त नहीं मिल पाता संपर्क में रहने का, पर इस किताब के माध्यम से मैं तहे दिल से उनका धन्यवाद और आभार व्यक्त करना चाहती हूँ, मेरी ज़िन्दगी में उनके सुझाव और सलाह के लिए, विनिशा आपका बहुत-बहुत धन्यवाद अपने गाइडेंस से मेरी ज़िन्दगी आसान करने कि लिए।

मैं धन्यवाद देना चाहती हूँ अपनी दोस्त मधुरा रैपसंग को जिनके साथ एक अलग ही कनेक्शन कुदरत ने बनाया, वैसे तो इनसे मेरी मुलाकात एक ऑफिस में हुई थी जहाँ मैं इनसे पहली बार मिली, पर हम दोनों की बेटियाँ दोस्त है जिस वजह से हमारा कभी-कभी बात करना स्वाभाविक-सा था पर जिस वक़्त मेरे पास न तो घर था और न ही घर लेने के पैसे तब इन्होने जितना आसानी से कह दिया कि मेरे घर आजा, बहुत बड़ा दिल चाहिए होता है, क्योंकि मुंबई में कहते है सब आसानी से मिलता है पर छत मिलना आसान नहीं होती और न सिर्फ़ छत बल्कि उनके घर मुझे और मेरी बच्ची को हर तरह की सुख सुविधाएँ ऐसे उपलब्ध था जैसे मैं अपने ही घर में हूँ, पूरे एक महीने मैं उनके साथ थी और वापस जब अपने पैरों पर खड़ी हुई तब मैंने उनसे विदा ली, ये क़र्ज़ उनका शायद ही कभी उतार पाऊँ, आज मधुरा और उनकी बेटी अलमोरा जो हमारे जीवन का एक हिस्सा है और परिवार बन चुके है, हर उत्सव हर ख़ुशी हर तरक्की में वह मेरे और मेरी बच्ची के साथ शामिल है और मुंबई में एक परिवार बन गए है है।

एक परिवार जब आपके साथ होता है तो आत्मविश्वास ही बहुत अलग-सा होता है, रात हो या दिन, हर कॉल पर हर दिन वह मेरे साथ होती है, इतने बड़े शहर मुंबई में जब चार अच्छे दोस्त हो तो कोई अकेला कैसे हो सकता है। एक

Acknowledgement

अच्छी चाय का उनका शौक हमेशा हमें साथ में चाय पीने के लिए बहाना देता है मिलने का और हमारी बेटियाँ जो बहुत अच्छी दोस्त है उनको साथ खेलने का, Thank you Madhura And Almora for being with us Always.

दोस्तों की बात हो तो एक पारिवारिक दोस्त विनय मालू, उनकी पत्नी जया मालू और उनकी दो प्यारी बेटियों को कैसे भूल सकते है, जिन्होंने पिछले कई सालों से मेरी परिवार बनकर मदद की, अपने काम की वजह से घर में ताले में बंद जब अकेले अपनी बेटी को छोड़कर १२ से १८ घंटे काम पर रहती ऐसे में विनय और उनकी पत्नी का सहयोग और ये सुझाव की बच्ची को उनके घर छोड़कर मैं काम पर जाया करूँ, ने एक माँ की ज़िम्मेदारी का पूरा भार ले लिए हो, मेरी बच्ची को खिलाने से लेकर अपने घर सुलाने और उसके स्कूल कि अड्मिशन के टाइम पर कभी बुक्स तो कभी स्कूल यूनिफार्म के लिए उसके स्कूल में जाने का सारा जिम्मा विनय और उनकी पत्नी ने ले लिया और मैं बेफिक्र होकर अपना काम कर पाती थी, ७ साल की बच्ची को अकेले बड़ा करना आसान न था पर विनय मालू और जया मालू जैसे जिसके दोस्त हो, सब कुछ आसान हो गया था, मैं तहे दिल से उनका और उनकी पत्नी का धन्यवाद करती हूँ, मेरे संघर्ष भरे दिन में मेरा साथ और हर उत्सव में परिवार की तरह शामिल होकर कभी अकेले न होने का एहसास इस परिवार ने दिया।

संगीता भट्टाचार्य मेरी एक मित्र जो ख़ुशी में शामिल हो न हो पर मुसीबत के वक़्त एक चट्टान कि तरह खड़े रहकर हमेशा साथ देती है, एक ही कंपनी में हम काम करते थे और colleague से परिवार का हिस्सा कब बन गयी पता ही नहीं चला, आज चाहे होली हो या बच्ची का बर्थडे, गणेश विसर्जन हो या बारिश में भीग कर चाय पीना, मेरी ही तरह सोच और बात-बात पर मज़ाक में हर दुःख और तकलीफ का मज़ाक बनाना कोई इनसे सीखे, बहुत ही इनफॉर्मल-सा रिश्ता जहाँ क्या बुरा लगेगा क्या भला ये सोचे बगैर कुछ भी बोलना, हंसना और हँसाना जीवन को इतना सुलझा और खूबसूरत बना देता है, ऐसी दोस्त हो तो क्या गम है, आपको बहुत-बहुत धन्यवाद संगीता मेरी दोस्त होने का माँ-सी बनने का मेरी बच्ची कि लिए।

दोस्तों के नाम में एक बहुत प्यारा परिवार और पारिवारिक दोस्तों को कैसे न कहूँ धन्यवाद, मालिनी कपूर, अजय शर्मा और उनका प्यारा बेटा कियान जो मेरे चेहरे पर मुस्कुराहट लाते थे, बहुत ही प्यारा से रिश्ता बना जब इस परिवार के साथ मैंने और मेरी बच्ची ने रहना शुरू किया, लगा ही नहीं अकेले है हम।

मालिनी और अजय बहुत ही पॉजिटिव और साफ़ दिल इंसान है, जब मैंने उन्हें कहा कि मैं एक बुक लिख रही हूँ, हम आपके काम को support करेंगे, कितनी आसानी से कह दिया मालिनी ने जैसे कितना भरोसा है उन्हें मेरे काम पर, उनका ये कहना की she is proud of me ने तो जैसे एक ज़िम्मेदारी दे दी अच्छा काम करने की, उनका बेटा कियान तो जैसे ज़िन्दगी बन गया, २४ घण्टे खुश रहने की शर्त थी जब यूनिवर्स की तो इस प्यारे से बच्चे कियान ने अपना वक़्त देकर मुझे २४ घंटे खुश रहने के कारण दिए और ये सिलसिला अब चलता ही रहता है, खुश रहकर आपको यूनिवर्स अवसर देता है हमेशा खुश रहने का और ये योगदान कियान ने दिया मेरी ज़िन्दगी में, आज मैं २४ घंटे हर पल हर घडी एक स्फूर्ति के साथ रहती हूँ, हर पल एक मुस्कान रहती है मेरी चेहरे पर और श्रेय जाता है इस २ साल के बच्चे कियान और उसको जन्म देने वाले बहुत ही सुलझे और प्यारे से कपल अजय शर्मा और मालिनी कपूर को। आप तीनो का, इस परिवार का, मैं तहे दिल से धन्यवाद करती हू और आभार व्यक्त करती हूँ, अपने घर में अपने दिल में और अपनी ज़िन्दगी में जगह देने कि लिए।

मैं धन्यवाद देती हूँ मेरी दोस्त करुणा वर्मा को, एक ही घर में साथ रहने के उद्देश्य से हुई एक मुलाकात कब एक spiritual connection बन गया कि पता ही नहीं चला, ये मेरी वह दोस्त है जिनके साथ बैठकर पॉजिटिव बातें, Meditation और अच्छी किताबों के नाम का आदान प्रदान, अपने सुख दुःख शेयर करने से एक अलग-सा कनेक्शन है इनके साथ, हम रोज़ बात करने वाले दोस्त नहीं बल्कि मुसीबत या परेशानी में एक दूसरे से बात करके एक दूसरे का सहारा और कई घंटे बातें करके एक दूसरे कि हिम्मत बढ़ाते, हमेशा अच्छी बातें कहना, प्रोत्साहन देना इनके व्यवहार में शामिल है, बहुत खुश हुई एक मैसेज में जब हमारी बात हुई, जब मैंने इन्हे बताया कि मैं एक बुक लिखना चाहती हूँ, तुम बहुत ही अच्छा करोगी इनके एक मैसेज ने जैस जब कुछ कह दिया और उसके बाद शब्दों की ज़रूरत ही नहीं पडी, करुणा आपको बहुत-बहुत धनयवाद मेरा साथ और मेरा प्रोत्साहन बढ़ाने कि लिए।

मैं धन्यवाद करना चाहती हूँ, रीमा पनवलकर, रवि पनवलकर और उनकी बेटी सोनाली का, जिन्होंने मेरी बच्ची कि लगभग पूरी ज़िम्मेदारी ले ली थी, जब मैं काम पर होती, एक परिवार ये मेरी बच्ची का था जो मेरे ऑफिस जाने से वापस आने तक अपनी ही बच्ची कि तरह उसकी देखभाल करता, मीडिया में odd hours की वजह से मैं कई बार रात बार रात दो बजे तक घर आती

और फिर उनकी बेल बजाकर बच्चे को घर लेकर आती और अगली सुबह फिर उनके ही घर, ऐसा लगता था कि मेरी बच्ची अब पूरी तरह महारष्ट्रीयन बन गयी है, जब छोटी-सी उम्र में अपने बच्चे को मैं मराठी बोलते देखती तो लगता ही नहीं था हम मध्य प्रदेश कि निवासी है जहाँ हिन्दी बोली जाती है, एक बात इस परिवार ने सिखाई की ये महाराष्ट्र और मुंबई के निवासी मदद करने में सबसे आगे है, आज ये परिवार भी मेरा परिवार है और इस किताब के माध्यम से मैं अपना आभार व्यक्त करती हूँ और धन्यवाद देती हूँ की एक सिंगल पैरेंट होना और मुंबई में अकेले बच्ची को बड़ा करना इतना आसान कभी न होता अगर ये परिवार मेरे साथ न खड़ा होता।

अंतिम राठौर, अजय राठौर ये दो भाई जिनसे कैसे मुलाकात हुई ये तो याद नहीं पर मुंबई ने दो बड़े भाई भी दिए और भाई का फ़र्ज़ जैसे निभाते है वह फ़र्ज़ इन्होने निभाया, जब मकान मालिक ने घर से सामान निकालने को कहा और जब कोई घर नहीं था, अंतिम राठौर और अजय राठौर सम्बल की तरह मदद कि लिए आगे बढे, बिना किसी खून के रिश्ते के जब कोई रिश्ता निभाता है तो आप उन्हें कभी नहीं भूलते है, बल्कि एक परिवार बन जाते है, आज जिम्मेदारिओं में उलझ कर, कई बार उनसे संपर्क में नहीं रह पाती पर अगर आभार व्यक्त करना है तो उनका नाम तो जुबान पर आएगा ही, बिना किसी जान पहचान के जब इंसानियत का रिश्ता बनता है तब ये संसार सुन्दर लगता है, ऐसे ही दो भाई है जिनका पूरा योगदान है इस संसार को खूबसूरत बनाने और इंसानियत को ज़िंदा रखने में । बहुत-बहुत धन्यवाद अंतिम और अजय आपका मुझपर भरोसा और मुझे अपने परिवार का हिस्सा बनाने कि लिए।

प्रत्युष मिश्रा और आशु मिश्रा, इनके साथ पहली मुलाकात हुई संजय लीला भंसाली जी के ऑफिस में, काम करते हुए, एकजुट होकर दिन रात काम करते, ऐसे भाई मैंने कहीं नहीं देखे, दिन रात पूरे जोश के साथ काम करना और एक दूसरे के साथ खड़े रहना और इस मॉडर्न ज़माने में भी छोटे भाई का बड़े भाई के सामने ज़्यादा न बोलना और रिश्तों की गरिमा बनाये रखने कि लिए सीमा न लांघना और हर जगह दोनों भाइयों का एक साथ एक-एक दूसरे केलिए खड़े रहना मन में एक अलग ही इज़्ज़त पैदा करता है, इन्हे देखकर कोई भी इनके माता और पिता को नमन करना चाहेगा उनकी परवरिश कि लिए, इस इकीसवीं सदी में साक्षात् राम लक्ष्मण की जोड़ी है ये भाई और ये वह भाई है जो मुंबई ने मुझे दिए है, बड़ी बहन का सम्मान जो इन दोनों भाइयों से मिलता है कि लगा ही नहीं कब वह मेरे बच्ची के लिए मामा बन गए, जब भी मुसीबत आयी

इन दोनों भाइयों को अपने साथ खड़ा पाया, आप दोनों को मैं धन्यवाद देती हूँ मेरी ज़िन्दगी में मेरा परिवार बनने के लिए।

मैं धन्यवाद देना चाहती हूँ प्रियंका खनूजा और आरती को, जो मेरे घर paying guest बनकर आयी पर परिवार बनकर चली गयी, आज दोनों अपनी ज़िन्दगी में खुश और सेटल है और काम की व्यस्तता कि वजह से मिलना नहीं हो पाता पर सोचा नहीं था कि बच्ची की exams के दिनों में जब शहर से बाहर मुझे जाना पड़ा तो छोटी बहने बनकर दोनों ने ज़िम्मा उठा लिया, मेरी बच्ची को सुबह स्कूल के लिए उठाने से लेकर टिफ़िन बनाना, उसे पढाई करवाना और उसके exams में मार्क्स भी अच्छे आये, इतनी आसान हो गयी थी ज़िन्दगी जब दोनों ने साथ दिया, प्रियंका और आरती आप दोनों का बहुत-बहुत धन्यवाद और आभार मेरा साथ देने के लिए और छोटी बहनो का सुख क्या होता है ये बताने के लिए।

मैं धन्यवाद करना चाहती हूँ और आभार व्यक्त करना चाहती हूँ अपनी कंपनी Times group को, जहाँ मैं काम करती हूँ, उनका सही वक़्त पर सैलरी देने से जो मानसिक चिंता दूर हुई और आज मुझे वह freedom है कि मैं एक किताब लिख पा रही हूँ, मैं धन्यवाद देती हूँ इस कंपनी और मेरे साथ नीलेश तिरलोस्कर और राजकुमार बत्रा जी को, जिन्होंने इस कम्पनी में मेरा सुझाव दिया, मेरा धन्यवाद Aaron को, मानसी को जिन्होंने मुझसे मीटिंग की और मेरी काबिलयत और अनुभव कि आधार पर मुझे hire किया, इस कंपनी को मैं हर रोज़ धन्यवाद करते नहीं थकती, इस कंपनी में एक अलग ही तरह कि एनर्जी है, जहाँ आप काम करते नहीं थकते, जब मानसी और Aaron की टीम हो तो सबका positive होना तो बनता ही है। हर एक व्यक्ति जिनसे भी मैं मिली और जिनके साथ भी मैं काम कर रही हूँ, चाहे वह अनिमेष हो या अनंत, मेघा स्थापक हो या मेघा कुक्कर, मानवी हो या दिनेश या फिर ऑपरेशन टीम में राहुल हर व्यक्ति में एक अलग ही सकरात्मक एनर्जी है। एक ही कंपनी में हर कोई positive, supportive और cooperative, इतनी सकरात्मक टीम के साथ काम करने का अनुभव अपने आप में ही एक positive energy देता है, की कब दो साल हो गए मुझे पता भी नहीं चला। मेरा बहुत सारा आभार व्यक्त करती हूँ और ढेर सारी शुभ कामनायें इस कंपनी के लिए और इस कंपनी में काम करने वाले सारे employees के लिए, बहुत-बहुत धन्यवाद मुझे अपने टीम का हिस्सा बनाने के लिए और मुझ पर और मेरे काम पर भरोसा दिखाने के लिए। आज मेरी ज़िन्दगी में जितनी भी खुशियाँ है, उसका श्रेय इस कंपनी को जाता है, यहीं से शुरू हुई थी मेरी डगर ख़ुशी की।

जब चार दोस्त हो ज़िन्दगी में तो ज़िन्दगी आसान होती है,मैं धन्यवाद देती हूँ मेरे दोस्त राजन निस्चल का, जो मेरे बहुत ही करीबी मित्र है,जो निस्वार्थ भाव से एक अच्छे दोस्त और मार्गदर्शक की भूमिका निभाते है,मैं धन्यवाद देती हूँ मेरे दोस्त रोहित सरना को, जो एक बहुत ही अच्छे दोस्त और मार्गदर्शक है,जिन्होंने हर मोड़ पर प्रोत्साहन भी दिया और सुझाव भी,मैं धन्यवाद देना चाहती हूँ मेरे दोस्त हितेश पटेल का जिन्होंने एक अच्छे दोस्त की तरह कई मोड़ पर मुझे मार्गदर्शन दिया, मैं धन्यवाद देना चाहती हूँ मेरे दोस्त नसीरुद्दीन मोमिन का जिन्होंने हमेशा मेरा प्रोत्साहन बढ़ाया और मुझे मार्गदर्शन दिया और जहाँ भी ज़िन्दगी में आगे बढ़ने से डरी, मेरा आत्मविश्वास बढ़ाया।

इस किताब के माध्यम से मैं अपने हर प्रोडूसर,डायरेक्टर्स,और वह सारी कम्पनीज जिन्होंने मुझे अपनी कंपनी में काम करने का मौका दिया और जहाँ से आयी मेरी सैलरी ने मदद की मुझे अपनी बच्ची की देखभाल और घर की ज़रूरत पूरी करने में, ये सारी कंपनी का योगदान है मेरे जीवन में और मेरे संघर्ष से सफलता के रास्ते में,मैं सबका आभार प्रकट करती हूँ और धन्यवाद करती हूँ,मेरे जीवन में आपके छोटे से छोटा और बड़े से बड़े योगदान का। मैं ईश्वर से प्रार्थना करती हूँ की आपकी कंपनी में ज्यादा से ज्याद काम हो और आप कई परिवारों की मदद कर सके उन्हें अपनी कंपनी में काम देकर, ये बहुत बड़ा योगदान है समाज में। शत शत प्रणाम आपको और बहुत बहुत धन्यवाद।

मैं धन्यवाद करती हूँ श्री विनय जैन का जिन्होंने इस संघर्ष से सफलता के सफर में मेरा बहुत साथ दिया,अपनी बच्ची को इंटरनेशनल स्कूल में, शिक्षा दिला पाना कभी संभव न हो पाता अगर विनय जैन जैसे उदार व्यक्ति स्कूल की डोर न सँभालते, मैनेजिंग डायरेक्टर होकर हर पेरेंट्स की व्यथा सुनने का वक़्त कैसे निकाल पाते है, ये अपने आप में ही बड़ा उद्देश्य है,जब व्यक्ति स्वयं के लिए नहीं समाज के लिए काम करता है, एक अच्छी सोच और सपना लेकर जब इंसान कोई नींव डालता है तब ऐसे स्कूल का निर्माण होता है, हमेशा से अपनी बच्ची को अच्छी शिक्षा देने का मेरा सपना कभी पूरा न होता अगर इस स्कूल ने कई नियम न बनाये होते स्कूल की नीव डालते समय।

एक अच्छी शिक्षा बच्चे के सही निर्माण में काफी योगदान रखता है,पर हर अच्छी चीज़ और अनुभव के लिए उसका एक प्राइस होता है,जो कई बार हम असमर्थ होने की वजह से उसका लाभ नहीं ले पाते,पर वह माँ जो अपने बच्चे को उच्च शिक्षा तो देना चाहती है पर अकेली होने के कारन और कई बार सीमित पैसा होने की वजह से नहीं कर पाती,ऐसी माओं के लिए एक बहुत ही राहत देता है ये स्कूल जो बना है विनय जैन और उनकी पत्नी रैना जैन की ऊँची सोच

से, स्कूल का नाम भी बड़ा और सोच भी बड़ी, जब भी इस स्कूल का नाम या विचार भी आता है, तो आभार ही नहीं बल्कि श्रद्धा से भर जाता है मन,मुंबई में जहाँ बड़े बड़े स्कूल में फीस लेना एक बिज़नेस बन गया है, इस स्कूल में फीस भरना एक गुरु को गुरुदक्षिणा देना जैसे लगता है,मजबूर माता पिता जब किसी वजह से फीस नहीं भर पाते तो स्कूल में पढ़ने वाले मासूम बच्चे को कभी किसी भी circular के द्वारा उसे ये एहसास भी नहीं कराया जाता,बल्कि हर संभव प्रयास होता है इस स्कूल के स्टाफ का वह हर सम्भव मदद करें उन पेरेंट्स की जो किसी मजबूरी के वजह से फीस नहीं दे पाते,ऐसा स्कूल मुंबई तो क्या छोटे छोटे शहरों में भी नहीं देखा, एक महीने स्कूल की fees न दी जाए तो बच्चे का स्कूल में आना रोक दिया जाता है,पर महीनो तक फीस न दी हो और अगर आपके पास कोई मजबूरी है तो श्री विनय जैन और उनकी पत्नी रेना जैन अपने स्टाफ को उतनी आजादी देते है की फीस पेमेंट के कई easy instalment को आपकी सहूलियत अनुसार बनाना एक एकाउंट्स डिपार्टमेंट में काम करने वाला एम्प्लोयी आपको राहत दे देता है,ऐसे सिस्टम को शत शत प्रणाम, मेरा आभार और तहे दिल से धन्यवाद आपके सहयोग का। ये स्कूल अपने आप में ही एक आदर्श है जहाँ गर्व होता है जब आप अपने बच्चे को स्कूल भेजते है। Thank You so much आपकी इतनी बड़ी सोच और कोशिश के लिए।

मैं धनवायाद देना चाहती हूँ अब्राहिम हिक्स और उनके साथी एस्टर एंड जेरी को जो एक माध्यम बने मेरे इस सफर को सरल बनाने में अपनी teachings से, मैंने उनके वीडियोस को रोज़ सुना और उन पर अमल करने से ज़िन्दगी बहुत आसान हो गयी, जब कभी परेशान होती हूँ या सुझाव चाहिए होता है पता नहीं कैसे उनकी वही वीडियो Youtube पर दिखाई दे जाती, जिसमे मेरे सवाल का जवाब या परेशानी का हल होता,आज Abrahim Hicks मेरी ज़िन्दगी और दिनचर्या का हिस्सा बन चुकी है,पुरे संसार में पता नहीं कितने हज़ारों लाखों लोगो की ज़िन्दगी इनकी टीचिंग से बहुत ही खूबसूरत हो गयी है,ज़िन्दगी में miracles होते है जब आप इनकी और इनके टीचिंग्स से जुड़ते है, Thank you so much Abrahim Hicks, Ester and jerry for all your teachings and support system through your Youtube channels and books.

मैं धन्यवाद देना चाहती हूँ सुदीपजी,पियूष जी,और एक प्यारे से बच्चे विमल को जो अब इस दुनिया में नहीं है पर इनका सहयोग और मार्गदर्शन मेरे साथ हमेशा रहता है,एक ऐसी दुनिया जिसका कोई प्रमाण नहीं पर उनकी मदद आपको मिलती है सिर्फ उन्हें पुकारने पर,ऐसे ही साथी और सहयोगी है ये मेरे

जीवन के,आपका हर सहयोग और मार्गदर्शन के लिए धन्यवाद और आभार, आप जहाँ भी हो ईश्वर से आपकी शांति की प्रार्थना करती हूँ।

अपनी बेटी को कैसे भूल सकती हूँ मैं जो मेरे जीवन का हिस्सा और मेरा गर्व है,जिसके बगैर न तो मैं माँ होती और न ही मेरा सफर इतना सरल होता,सुना था बेटियां किस्मत से मिलती है,और एक बेटी मुझे भी मिली, उसके जन्म पर ही एहसास हो गया था, मैं बहुत ही भाग्यशाली हूँ,क्यूंकि माँ का साथ देना तो उसने बहुत ही कम उम्र से सीख लिया था, माँ होने का ये सफर इतना आसान कभी न होता अगर मेरी जिंदगी में Apple न होती,कहते है न An Apple a day keeps the doctor Away,पर जिसकी बेटी का नाम ही Apple हो तो डॉक्टर तो क्या हर दुःख हर दर्द हर मुसीबत दूर रहती है,ऐसी किस्मत लेकर आयी मेरी बेटी,सात साल की उम्र में जब पति बिना बताये चले गए तब उस बच्ची ने उस उम्र में अपनी नादानी में कह दिया था,मैं हूँ आपके साथ और कभी नहीं जाउंगी और आपका साथ दूँगी तब शायद उसे पता भी नहीं था ज़िन्दगी कितनी मुश्किल होती है पर वादा जो दिया जिसे आज तक निभा रही है,ताले में बंद रहती पर माँ को फ़ोन पर कहती आप अच्छे से काम करना मेरी फ़िक्र नहीं करना, सात साल के उम्र में Microwave चलाना सीख लिया था और फ्रिज में रखे खाने को गरम करके खुद ही खा लेती, बुखार में अकेला छोड़ कर कई बार बाहर से लॉक करके जाती पर कभी वह फ़ोन करके मुझे ये बताकर डिस्टर्ब नहीं करती थी कि वह ठण्ड और बुखार से कांप रही है अकेले,क्यूंकि उस बच्ची को पता था की माँ काम करेंगीं तब ही पैसा आएगा,पैसे का होना और न होने का फर्क वह सात साल की उम्र में समझ चुकी थी पर इन सारे अनुभवों ने उसे ज़िन्दगी के लिए कड़वा नहीं बनाया बल्कि करुणा करना सिखा दिया,आज भी जब किसी मजबूर बच्चे को देखती है तो अपना वार्डरोब पहले खोल देती है उनकी मदद करने के लिए चाहे फिर उसके कपडे हो या खिलोने, उसे देना सिखा दिया जीवन ने और आज ज़िन्दगी में उसे इतना मिल रहा है,की वह सब भूल चुकी है की कभी हमारे इतने मुश्किल दिन भी थे,हर वक़्त कुछ देता है, और हमारे कुछ वर्षों के कठिन वक़्त न हमें देना सिखा दिया, मदद करना सिखा दिया, अपने सपनो की लिस्ट बनाना शुरू कर दिया उसने, और आज उसी लिखे सपने की लिस्ट से उसने यूनिवर्स और लॉ ऑफ़ अट्रैक्शन से कनेक्ट कर लिया,अब चाहे international स्कूल में पढाई हो या अमेरिका के Newyork Academy में पढ़ने का सपना,हर सपना साकार हो रहा है उस बच्ची का, जिसने इतनी कम उम्र में लॉ ऑफ़ अट्रैक्शन को समझ लिया।

Acknowledgement

आज मैं अपना आभर प्रकट करती हूँ अपनी बेटी को और शत शत प्रणाम मेरा साथ देने के लिए,मेरी ताकत बनने के लिए,मेरे इस ४० से ४० करोड़ तक के सफर में मेरा साथ देने के लिए,ऐसे बेटियां हर किसी के नसीब में हो,बस यही प्रार्थन है मेरी हर माँ के लिए।

बेटी के बात करूँ तो बेटा कैसे भूल जाऊं,१९ साल का एक लड़का.

सुहैल खान जब मुंबई आया तो एक्टर बनने का सपना लेकर,मीडिया में क्रिएटिव डायरेक्टर होने की वजह से उस से मुलाकात हुई,मुझसे आंटी कहकर सलाह लेता की उसे क्या करना चाहिए और क्या नहीं,आंटी बोलकर कब उसने अपने कॉलेज में माँ बनाकर प्रिंसिपल से मिला दिया की मुंबई शहर में बेटी के साथ एक बेटा भी मिल गया, १५ साल की बेटी स्कूल में और १९ साल के बेटे के कॉलेज में जब डीन से बात करनी होती है तो एक बेटे की माँ का क्या अनुभव होता है ये मुझे सुहैल ने दिया,सुहैल तुम्हारा बहुत बहुत धन्यवाद और ज़िन्दगी में बहुत तरक्की करो ये आशीर्वाद। आज मेरा परिवार बहुत खुश है एक बेटी और और एक बेटा और बहुत सारी खुशियां और उत्सव मानाने के लिए,यूनिवर्स को और ईश्वर को धन्यवाद देते हुए मेरा दिल और मन कभी नहीं थकता।

जब धन्यवाद की बात हो तो मुंबई शहर को कैसे न धन्यवाद दूँ,२००३ में जब मैं पहली बार इस नए से शहर में आयी तब १० दिन में ही यहाँ की ट्रैन और बस में लाइन लगाने की ज़िन्दगी से डर कर वापस जाने का सोच लिए था,पर एक ही महीने में कब मुंबई ने अपना बनाया की आज १७ साल हो गए इस शहर में, अब तो ये अपना घर लगता है,मुंबई शहर और यहाँ के रहवासियों की बात करूँ तो सबसे पहले एक ही शब्द आता है दिमाग में मदद,पता नहीं क्या है इस शहर की हवा में की यहाँ रहने वाला व्यक्ति हर किसी की मदद करना चाहता है,आप किसी को जानते हो या नहीं पर यहाँ के लोग आपको बिना जाने इतनी मदद करते है की आप इस शहर के प्यार और व्यवहार को देखकर इसे ही अपना घर बना लेते है,और फिर कभी वापस जाते ही नहीं,बस एक बात है सिद्धिविनायक, हाजी अली, और माउंट मेरी के इस शहर में सिर्फ सच्चे लोगों को अपनाया जाता है ऐसा मेरा सोचना है,आप अगर सच्चे हो तो ये मुंबई बाहें फैलाकर दिल से स्वागत करती है आपका और साथ देती है हमेशा।

मैं आपका आभार व्यक्त करती हूँ और धन्यवाद देती हूँ मुझे और इसी शहर में जन्मी मेरी बच्ची का ख्याल रखने केलिए,जैसे हर बेटी अपने घर

में सुरक्षति महसूस करती है,ऐसी सुरक्षा की भावना यहाँ का पुलिस सिस्टम और ये पूरा शहर देता है। आपको बहुत बहुत धन्यवाद मुंबई और मुम्बा देवी मुझे मेरा उद्देश्य देने के लिए और बहुत सारे नए रिश्ते और बड़ा परिवार देने के लिए, मेरी ज़िन्दगी का ये सफर सरल बनाने के लिए। आपको शत शत प्रणाम मुंबई।

४० से ४० करोड़, Lockdown के वह चालीस दिन
Introduction

४० से ४० करोड़, Lockdown के वो चालीस दिन, थोड़ा अजीब है पर शायद इसी नाम ने आपको आकर्षित किया है, जो ये बुक आपके हाथ में है, जी हाँ दोस्तों, ४० से ४० करोड़ बहुत ही सुन्दर सारांश है मेरे जीवन का जो मैं आज इस किताब के माध्यंम से आप सबके साथ शेयर करने जा रही हूँ।

आज जब मैं अपने ४५वे वर्ष में हूँ, ये मेरी ज़िन्दगी का बहुत ही सुन्दर पड़ाव है, जहाँ मैं रिटायर नहीं हूँ पर रिटायर वाली ज़िन्दगी के सुख ले रही हूँ, ४० करोड़ रूपये मेरी बैंक में जमा है ऐसे सुख का अनुभव मेरे जीवन का एहसास बन गया है।

चिंता, तकलीफ, समस्या, परेशानी, हार बीमार जैसे शब्द मेरी ज़िन्दगी में नहीं है,बल्कि सुख, शांति खुशिया, संतोष, समृद्धि, संयम, दोस्त, प्यार, परिवार, और जीने की चाह मेरे हर दिन को उत्साह से भर देती है।

पर मेरा जीवन हमेशा से ऐसा नहीं था, ३७ वर्ष की आयु में जब लोग अक्सर अपनी ज़िन्दगी में सेटल हो रहे होते है, उस उम्र में मेरी 6 साल की मेरी बच्ची के साथ मुंबई शहर के किराये के घर में, जिसका मेरे पति ने तीन महीने से किराया न भर के डिपाजिट पूंजी भी ख़त्म कर दी थी, मुझे छोड़ दिया गया, तब अंधेरा-सा छा गया था मेरी आँखों के सामने, लव मैरिज होने की वजह से हार कर माँ बाप के घर जाने का ख्याल तो दूर-दूर तक नहीं था मेरे जेहन में, पर मुंबई में भी तो कोई नहीं था मेरा, कैसे पालूंगी इस नन्ही जान को जिसे उसके पिता ने उसकी बिना किसी गलती के हमेशा के लिए छोड़ दिया था।

मुंबई जैसे शहर में अकेले बिना किसी रिश्तेदार और परिवार के पिछले ९ सालों से बच्ची को अच्छी परवरिश और उच्च शिक्षा देना किसी भी तरह से आसान न था, मैंने भी अपने हिस्से का संघर्ष देखा, रातों में रोया और फिर खुद ही अकेले अपने आप को समेटा। पर हिम्मत नहीं हारी, और न ही कभी रुकी, चलती रही सिर्फ़ एक वादे के साथ, कि ज़िन्दगी में कभी ग़लत नहीं करना, ना ही अपने साथ और न ही किसी और के साथ, बस अपने इष्ट देव

श्री गणपती को यही वादा किया कि मैं कभी भी ज़िन्दगी में कोई भी ग़लत कदम नहीं उठाउंगी और मेरे और मेरी बच्ची के साथ कुछ ग़लत न हो ये आपकी ज़िम्मेदारी है।

बस फिर क्या था, ऐसा लगता था जैसे हाथ थाम लिया हो मेरे इष्ट श्री गणेशा ने और फिर कभी साथ नहीं छोड़ा।

आज उन्ही श्री गणेशा को जो मेरी इस यात्रा के साक्षी भी है और साथी भी, एक बार उन्हें साथ लेकर ४० से ४० करोड़ तक का ये सफ़र आप सब के साथ शेयर करने जा रही हूँ, मैं आपसे अपने उन संघर्ष भरे सात सालों की व्यथा नहीं बल्कि उन पंद्रह महीनो की सफलता और मेरी खुशियों के राज़ और वह आदतें शेयर करने जा रही हूँ, जिससे मेरा जीवन न केवल सुन्दर हुआ बल्कि आज मैं एक किताब लिख चुकी हूँ और मेरी लिखी किताब आपके हाथों में है।

संघर्ष तो सबके जीवन में आता है पर जिसने जीत लिया वही सिकंदर कहलाता है, मैं चाहती हूँ बल्कि ये दावा करती हूँ की अगर आपने मेरी इस यात्रा को पूरा पढ़ा, समझा और अपनाया तो आपको इस जीवन में सफल होने से, खुश होने से कोई नहीं रोक सकता और जो कहा गया है न की उतार चढ़ाव का नाम ही जीवन है, मैं कहती हूँ कि जीवन उतार चढ़ाव का नाम नहीं, बल्कि प्यार, ख़ुशी, संतोष, सफलता, पैसा और परिवार ये सब जब आपके पास हो तो वही जीवन है और ये आपका हक़ है, हमें यूनिवर्स ने इस धरती पर सुख लेने भेजा है और किसी उद्देश्य के साथ भेजा है, पर जीवन कि इस आपा धापी में हम जीना तो भूल ही जाते है।

दोस्तों अपने जीवन की इस यात्रा को आपके साथ शेयर करने का मेरा सिर्फ़ एक ही मकसद है और इसी वजह से इसे बहुत ही सरल भाषा में लिखा है जिसे हर कोई समझ पाए, अपने दिल से निकली आवाज़ को एक किताब का रूप देकर आप सब तक पहुँचने की छोटी-सी कोशिश कर रही हूँ, और चाहती हूँ कि जिस तरह मेरे जीवन में अपनी दिनचर्या, सोच और समझने के बदलाव से, जो बदलाव आया है, वही बदलाव आप भी अपने जीवन में लाकर इस ज़िंदगी को बहुत खूबसूरत, सफल और सेहतमंद बना सकते है, जहाँ, पैसा परिवार सफलता पाना बहुत ही आसान हो जाएगा ।

मेरी छोटी-सी ये कोशिश हर उस व्यक्ति का जीवन बदलने के लिए है जो दिल से चाहता है कि उसके जीवन में बदलाव आये, वह खुश हो जाए।

सबके खुश होने कारन हमेशा अलग-अलग होते है, किसी के जीवन में पैसा होता है, तो कभी अच्छी सेहत, कभी प्यारा रिश्ता, कभी सफलता, मैंने

अपने जीवन का संघर्ष ख़त्म करके पंद्रह महीनो में अपने जीवन को खूबसूरत बनाया है, पर आप सिर्फ़ चालीस दिन में अपने जीवन को वैसा बना सकते है जैसा आप चाहते है।

ये मेरा वादा है पर आपके इस वादे के साथ की आप वह हर आदत को शामिल करेंगे अपनी दिनचर्या में जो मैं आपके साथ शेयर कर रही हूँ, तो चलिए शुरू करते है मेरी जीवन के इन पंद्रह महीनो के सफ़र को जिसने मेरी ज़िन्दगी को बहुत खूबसूरत बनाया और मैं चाहती हूँ आप भी बनाये अपनी ज़िन्दगी को खूबसूरत और जिए दिल से।

1. Thank You & Gratitude/धन्यवाद और आभार

Thank you and Gratitude की बात करें और रेवती का जिक्र न हो ये ग़लत होगा, रेवती मेरी बहुत पुरानी दोस्त है, जिनकी मैं सच्चे दिल से आभारी हूँ, जिन्होंने मेरे जीवन के हर पहलु को नज़दीक से देखा और जो दिल से चाहती थी, कि मैं और मेरी बच्ची खुश रहे, आज मैं इस चैप्टर के माध्मय से सबसे पहले रेवती को थैंक्स करना चाहूंगी और उनके प्रति अपना आभार करना चाहूंगी, जिन्होंने मुझे ये मार्गदर्द्शन दिया।

रेवती ही है जिन्होंने हर रोज़ मेरी दिनचर्या में वह आदतें शामिल की जिस वजह से मेरी ज़िन्दगी बिलकुल बदल गयी, उनका नाम इस सफ़र में आता रहेगा और आप मेरी दोस्त रेवती को भी जानेगे जिन्होंने अपनी लाइफ को बहुत खूबसूरत बनाया और आज वह ऑस्ट्रेलिया में अपने पति और प्यारी से बच्ची के साथ जीवन यापन कर रही है।

आज मैं वही आदतें और दिनचर्या आपके साथ शेयर कर रही हूँ इसी आशा के साथ की आप का भी जीवन उतना ही खूबसूरत हो और ऐसा हो की आप भी किसी का जीवन बदल सके और ये सिलसिला चलता रहे।

दोस्तों Thank you एंड gratitude ये वह शब्द है जिसे हम अक्सर बल्कि हर रोज़ इस्तेमाल करते है, इन दो शब्दों के पावर को जाने बगैर, जी हाँ दोस्तों एहि है वह दो शब्द जिनका सही इस्तेमाल करके मेरे जीवन में भी बदलाव आने लगे और हर रोज़ मुझे कुछ ऐसे अनुभव होने लगे जो किसी चमत्कार से कम नहीं थे। हम अक्सर थैंक यू का इस्तेमाल करते है जब हम किसी से कोई वस्तु लेते है या मदद लेते है, यानी अगर हमें कुछ भी प्राप्त हुआ किसी से तो हम उस व्यक्ति को थैंक्स करके उसका आभार व्यक्त करते है।

पर मुझे रेवती मेरी दोस्त ने इन दो शब्दों में कितना पावर है ये जब बताया तो यकीन करने को मन नहीं किया, साधारण-सा शब्द थैंक यू ज़िन्दगी कैसे बदल सकता है।

तब रेवती ने कहा कि बिना सवाल किये अगर मैंने उनकी बात मानी तो कुछ ही दिनों में मुझे सुखद अनुभव होने लगेंगे, रेवती ने मुझसे एक कमिटमेंट लिया कि मैं बिना सवाल जवाब के उनकी कही हर बात मानूगी।

अच्छा जीवन और खुशियां किसे नहीं चाहिए, पिछले सात वर्षों से इतना संघर्ष कर चुकी थी कि मैंने हाँ कह दिया और एक अच्छे शिष्य कि तरह जो भी वह कहती गयी मैं मानती गयी।

रेवती मुझे चमत्कार दिखाना चाहती थी उन्होंने कहा, कि एक लिस्ट बनाओ जिस पर मुझे पास १० वस्तुएँ या व्यक्ति के नाम लिखने को कहा, जिनका मैं आभार मानती हूँ या आभारी हूँ।

मैंने बहुत ही उत्साह से लिखना शुरू किया परन्तु जब मैं लिखने बैठी तो २ या तीन व्यक्तियों के बाद मैं आगे लिख ही नहीं पायी, लिस्ट ख़त्म हो गयी थी।

सबसे पहले मैंने धन्यवाद दिया मेरी बेटी को, जो मेरी बहुत बड़ी ताकत बनी मेरे इस सफ़र में जो मैंने अकेले तय किया था 2011 से 2018 तक।

मैंने धन्यववाद दिया मेरे इष्ट श्री गणेश को जिन्होंने मेरा हमेशा साथ दिया।

मैंने धन्यवाद किया मेरी कंपनी को जो मुझे हर महीने टाइम पर सैलरी देती थी और जिस से मैं अपने बिल्स और स्कूल की फीस दे पा रही थी।

पर उसके बाद लगा अब किसे?

रेवती ने और नाम लिखने को कहा,

फिर मैंने अपने माता पिता को धन्यवाद दिया, जिन्होंने मुझे जन्म दिया और अच्छी परवरिश।

मैंने मेरी बच्ची के स्कूल के मैनेजिंग डायरेक्टर विनय जैन को भी धन्यवाद दिया जो मुझे काफी हद तक फीस के पेमेंट शेड्यूल में मुझे हेल्प कर रहे थे और जिन्होंने सिंगल mom का ४० परसेंट डिस्कॉउंट भी दिया था स्कूल की फीस में जो की बहुत बड़ी मदद थी मेरे लिए।

मैंने अपने गुरूजी को भी धन्यवाद दिया, उनकी सही सीख और शिक्षा के लिए।

फिर मेरी लिस्ट ख़त्म हो गयी, तब मुझे रेवती ने समझाया कि क्या मुझे उस कुक को धन्यवाद नहीं कहना चाहिए जो मेरे काम में व्यस्त होने की वजह से मेरी बेटी को समय पर खाना बनाकर देती है, मैंने हाँ में सर हिलाया, फिर रेवती ने मुझे बताया कि क्या मुझे उस घर के लैंडलॉर्ड को थैंक यू नहीं कहना

चाहिए जिन्होंने मुझे अपने घर में रहने दिया, उस सफाई करने वाली हाउस हेल्प को जो मेरे घर आकर पूरा घर साफ़ रखने में मेरी मदद करती थी, उस पानी को जो मुझे २४ घंटे आसानी से उपलब्ध था, औरों कि तरह मुझे किसी क्यू में लगकर पानी के लिए घंटो खड़ा नहीं रहना पड़ता था।

उस water purifier को जो पानी को साफ़ करके उसे पीने योग्य बनाता है।

उस इलेक्ट्रिसिटी को जिसका मैं दिन और रात इस्तेमाल करती हूँ।

उस एयर कंडीशनर का, जो मुझे ठंडी हवा देता है, और मई जून की गर्मी मुझे पता ही नहीं चलती।

उस सफाई कर्मचारी को जो हमारे बिल्डिंग में आकर कचरा लेकर जाता है।

उस मिल्कमैन को जो घर पर सुबह मिल्क देकर जाता है।

उस टाइमस ऑफ इंडिया न्यूज़ पेपर को जो मुझे हर सुबह मेरे शहर और देश विदेश की समाचार से मुझे अपडेट करता है।

उस ऑटोरिक्शा वाले को जो मुझे घर से ऑफिस और ऑफिस से घर की दूरी तय करने में मेरी मदद करता है।

उस फ़ोन को जिसे मैं २४ घण्टे इस्तेमाल करके अपने परिवार दोस्तों और ऑफिस से कनेक्ट रह पाती हूँ।

उस पलंग गद्दे और तकिये को जो मेरी दिन भर की थकान दूर कर मुझे चैन की नींद और आराम देता है।

उस लैपटॉप और ipad जिसपर में अपने ऑफिस के काम कर पाती हूँ।

ऑफिस के हर उस colleague को जो मुझे मेरी काम में मदद करते है।

मेरे दोस्तों को जिनसे बात करके मैं अपना दिल हल्का करती हूँ।

रेवती की लिस्ट ख़त्म ही नहीं हो रही थी जो मुझे ये बता रही थी कि हम वाकई आभारी है हर छोटी वस्तु या व्यक्ति के जो हमें किसी न किसी तरह मदद कर रहे है या हमारे जीवन में अपना किरदार निभा रहे है और मददगार है, तो फिर हमारा धन्यवाद और आभार चन्द लोगों या वस्तुओं तक क्यों सिमित है? जबकि हमने किस्मत ने और इस ब्रमांड ने असीमित दिया है।

मुझे समझ आ गया था पर इसके आगे रेवती का मुझे टास्क देना कि तुम्हे ये आभार थैंक यू वाक के रूप में रोज़ दस मिनट नेचर में जाकर देना होगा।

ये था मेरा पहला सबक खुशहाल ज़िन्दगी के लिए जो मुझे मेरी दोस्त ने दिया और न-न करते हुए मैंने इस आदत को अपनी दिनचर्या में शामिल

किया, कारण और लॉजिक्स के पीछे ना जाकर बस मैं वही करती गयी जो वह कहती गयी।

और यकीन मानिये दोस्तों जब नेचर में वाक करके हम आसमान की तरफ देखकर थैंक यू बोलते है तो ऐसा लगता है ये सृष्टी आपके आभार और धन्यवाद को स्वीकार कर रही है और इतनी खुश है कि आपके जीवन में हर रोज़ वह इतने अवसर देने लगेगी थैंक यू बोलने के की आप खुद ब खुद इस बदलाव और इस चमत्कार को कुछ ही दिनों में महसूस करने लगेंगे, जैसे मैंने किया।

ये थी मेरी शुरुवात॥ पहला कदम खूबसूरत ज़िन्दगी की तरफ।

आज पंद्रह महीने हो गए दोस्तों ये आदत को मैंने अपनी दिनचर्या का हिस्सा बना लिया और यूनिवर्स मुझे इतने अवसर देने लगा कि मैं धन्यवाद कहते नहीं थकती और यूनिवर्स मुझे ऐसे अवसर देने से नहीं थका।

ये यूनिवर्स क्या है, और क्या है यूनिवर्स और उस से मेरा कनेक्शन? और कैसे ये यूनिवर्स मुझे दे रहा है।

ये मैं आपको अगले चैप्टर में समझाउंगी ।

तो दोस्तों ज़रा लिस्ट बनाइये और देखिये कि यूनिवर्स ने कितना दिया है आपको आपके जीवन में, जिस पर हम ध्यान भी नहीं देते और न ही शुक्रगुजार है।

"यूनिवर्स का एक नियम है दोस्तों, " आप जितना शुक्रगुज़ार होंगे अपने जीवन में और आभार व्यक्त करेंगे यूनिवर्स का, यूनिवर्स आपको उतने सुन्दर अनुभव और मौके देता जाएगा आभार और शुक्रगुजार होने का"

क्यूंकि जब हम शुक्रगुजार नहीं होते तो यूनिवर्स हमें बताता है और सिखाता है पर अपने तरीके से।

Lockdown और pandemic ने शायद पूरे वर्ल्ड को सिखा दिया और हमने भी जाना और आभार व्यक्त किया doctors,policeman,groceryman हर उस व्यक्ति का जो हमारी रोज़मर्रा की ज़िन्दगी में कितना महत्व रखते है।

मैंने तो बिना सवाल जवाब किये अपनी दोस्त की बात मानी और वैसे ही किया जैसा मुझे कहा गया,पर क्या आप मेरी बात मानेगे,अगर नहीं तो मैं सिर्फ इतना कहूँगी कि हमेशा न सही सिर्फ शुरुवात करके देखिये।

क्यूंकि जब आपकी पत्नी, माँ,या बहन सुबह सुबह आपको जो चाय का कप लेकर आती है, और उनकी ड्यूटी है समझ कर आपने अगर कभी थैंक यू

नहीं कहा तो कह कर देखिये उनके चेहरे पे जो मुस्कराहट होगी आपके दिन कि अच्छी शुरुवात होगी,और चलिए एक बार फिर मैं उन सबका आभार व्यक्त करती हूँ जिन्होंने मेरे जीवन को बहुत खूबसूरत और सफल बनाया।

आप भी एक पेन और पेपर लेकर याद करिये उन सबको जिन्होंने आपके जीवन में किसी न किसी रूप में मदद की है,और मैं भी आभार व्यक्त करती हूँ,मेरी दोस्त रेवती का,Abrahim Hicks का, joseph Murphy का,wayne Dyer का,Tony Robbins का,जिन्होंने मेरे इस खूबसूरत जीवन को बनाने में मेरी मदद कि,रेवती को तो आप जान गए है,बाकी सब से मैं आपको इस ४० से ४० करोड़ तक की सफर mein आगे आने वाले चैप्टर्स में मिलवाउंगी।

पर आगे बढ़ने से पहले मैं चाहूंगी की आप अपने साथ इस सफर में एक कॉपी और पेन रखे, और आप भी बिना सवाल किए, उन आदतों की प्रैक्टिस शुरू करें,मुझे आश्चर्य नहीं होगा की जब तक आप ये किताब ख़त्म करेंगे इस सफर के दौरान आप भी अपने जीवन में बदलाव महसूस करने लगेंगे।

तो सबसे पहले आपको आज लिस्ट बनानी है,बचपन से लेकर आज तक आप को क्या क्या मिला है,आपके जीवन में वह सब जिन्हे आप धन्यवाद कहना चाहते,आपके हर उपलब्धि,आपके हर टीचर जिनके नाम आपको याद है,हर वह व्यक्ति जिसने कभी न कभी आपको कुछ सिखाया है और जो आपके जेहन में है, कभी भी जिसने आपकी सही वक़्त पर मदद की हो,हर उस व्यक्ति को धन्यवाद करें,और यूनिवर्स को बताएं की आप शुक्रगुजार है और आभारी है अपनी किस्मत में पायी हर ख़ुशी और उपलब्धि पर।

☙

2. Universe and its Contribution/ब्रह्मांड और उसका योगदान

यूनिवर्स/ब्रह्माण्ड हम सबने इसके बारे में पढ़ा और सुना ज़रूर होगा, किताबी भाषा में " समस्त अंतरिक्ष जिसमे आकाशगंगाए, निहारिकायें, सौरमण्डल, तारे और ग्रह आते है, उसे ब्रह्मांड कहते है।

लेकिन दोस्तों यहाँ मैं आपसे किताबी ब्रह्माण्ड की बात नहीं करुँगी बल्कि इस यूनिवर्स से हम बातें कर सकते है और इस यूनिवर्स को दोस्त बनाकर उसके साथ मिलकर उस से अपना कनेक्शन बना कर अपने पूरे जीवन को बदल सकते है, क्यूंकि इसी यूनिवर्स यानी ब्रह्माण्ड में सब समाया हुआ है और इस ब्रह्माण्ड के लिए किसी भी चीज़ या परिस्थती का सृजन करना बहुत आसान है, सिर्फ आपके सोचने भर की देर है कि, सृजन शुरू हो जाता है।

चलिए और सरल भाषा में आपको समझाती हूँ, इस यूनिवर्स को और उसका हमारे जीवन में जो role है उसे रेवती मेरी दोस्त और अब्राहिम हिक्स ने मुझे बखूबी समझाया। रेवती को तो आप जान गए और Abrahim Hicks कौन है, मैं आपको इन से भी मिलवाऊँगी आने वाले चैप्टर्स मे।

दोस्तों यूनिवर्स वह आवाज़ है जो हमारे मन से या दिल से आती है, जिसमे दिमाग का कोई दखल नहीं होता, यूनिवर्स आपकी बात सुन भी सकता है और आप जो चाहे वह आपको दे भी सकता है।

युनिवर्स में सब कुछ है आपकी मनचाही ख्वाइशें, वस्तुएँ, व्यक्ति, पैसा सब यूनिवर्स में मौजूद है आपके लिए, आपके आने से पहले आपकी हर सुख सुविधा का इंतजाम यूनिवर्स में पहले से ही है, पर हम ने यूनिवर्स को ठीक से न जाना और न कभी उसे से कुछ माँगा, और यूँ ही सारी ज़िन्दगी संघर्ष करके जो हासिल हुआ उसमे संतोष कर लिया और जो हासिल नहीं हुआ किस्मत को दोष देकर उसे छोड़ दिया और जितना है, जैसा है वैसा ही जीवन जीते रहे।

दोस्तों यूनिवर्स में आपके लिए ४० रुपये भी है और ४० करोड़ भी, आप मांग कर तो देखिये। मैंने माँगा है और यूनिवर्स ने मुझे वह रास्ता भी दिखाया,

शायद आने वाले समय में मेरी अगली स्टोरी, एक और किताब के माध्यम से आप सबके साथ शेयर करूँ।

दोस्तों मेरा रिश्ता इस यूनिवर्स के साथ पिछले पंद्रह महीने से ऐसा जुड़ा कि कहने भर की देर होती है और यूनिवर्स "योर विश इस माय कमांड" कहकर सब दे देता है। इसिलए मैंने इसे प्यार से नाम दिया है Magical jinni.

जी हाँ मैजिकल जिन्नि, एहि नाम दिया है मैंने यूनिवर्स को। आपने बचपन में जादुई चिराग के बारे में तो सुना ही होगा, बस यही है यूनिवर्स, आप जो सोचेंगे, जिस भी चीज़ की कल्पना करेंगे, और जो बोलेंगे, वह सब यूनिवर्स आपकी ज़िन्दगी में लाता है एक जादुई जीन की तरह।

यूनिवर्स जो आपको हर समय सुन रहा है, देख रहा है, आपकी हर आवाज़, हर ख्याल, हर सपना, सुनकर सिर्फ़ ये कहता है "जो हुक्म मे्रे आका", बस हमारी हर ख्वाइश कब कैसे और कितने वक़्त में पूरी होगी ये मैजिकल जिन्नि ही तय करता है, आपने अक्सर देखा होगा कई बार हमारे जीवन में कई घटनाए ऐसी होती है, जिसके बारे में हमने कभी न कभी सोचा है और शिद्दत से सोचा है और हमें वह मिल भी जाता है, पर हम समझ नहीं पाते कि हमें हर चीज़ पाने की लिए शिद्दत से ही सोचना पड़ता है, तभी तो कायनात भी जुट जाती है आपके साथ आपकी खव्हाइश पूरी करने में।

दोस्तों वह पहला पल जब आपके दिमाग में वह ख्वाहिश या कोई सपना या इच्छा जन्म लेती है, उसी पल यूनिवर्स जो हुक्म मेरे आका कहकर उसका निर्माण या सर्जन या मैन्युफैक्चरिंग शुरू कर देता है, पर हमारा चंचल मन थोड़े से वक़्त में जब हासिल नहीं होता तो वह ख्वाइश छोड़ कर दूसरी ख्वाइश की बारे में सोचने लगता है, और यूनिवर्स को आपकी इस नयी ख्वाइश का सर्जन शुरू करना पड़ता है और जैसे आपने उस ख्वाइश को छोड़ा, यूनिवर्स भी उसका निर्माण बंद कर देता है ये देखकर कि अब आपको उसकी ज़रुरत नहीं है।

दोस्तों ये बिलकुल वैसा ही है, जैसे जब किसी रेस्टोरेंट में आप सैंडविच का आर्डर देते है, और आपको पूरा भरोसा होता है कि वह आपकी टेबल पर ज़रूर आएगा, और आप उसके बनने का इंतज़ार करते है, पर आर्डर देने क़े बाद चेंज नहीं करते, और एक एवरेज टाइम १५ मिनट इंतज़ार क़े बाद एक बार वापस पूछते है कि कितनी देर में बनेगा, उसी जगह अगर आप होटल में डिनर आर्डर करते है तो स्वयं ही कम से कम ३० से ४५ मिनट क़े इंतज़ार क़े बाद भी अगर खाना टेबल पर न आये तो फिर से पूछते है कि कितना वक़्त और लगेगा, पर दोनों ही स्थति में आप आर्डर कैंसिल नहीं करते बल्कि आपको भरोसा होता है

40 से 40 करोड़...

खाना आएगा, तो फिर यूनिवर्स को अपना आर्डर देकर इंतज़ार क्यों नहीं करते? बल्कि आर्डर ही कैंसिल कर देते है।

हम इंसान जब यूनिवर्स से लाखों रुपया मांगते है, कार बंगलो का जब आर्डर करते है तो यूनिवर्स को भी तो वक़्त लगता है आर्डर पूरा करने में, अगर आप सैंडविच और डिनर cancel नहीं करते तो ये तो आपके सपने है, इनके निर्माण में थोड़ा वक़्त तो लगता है, आप remind नहीं करते, यूनिवर्स को भी याद दिलाया जा सकता है बार-बार दोहराकर लेकिन आप तो आर्डर ही कैंसिल कर देते है?

दोस्तों मेरे अपने अनुभव से मैं बता रही हूँ, कि मैं कभी आर्डर कैंसिल नहीं करती बल्कि कई बार वक़्त कि लिमिटेशन कि वजह से उसे कॉपी में लिखकर रख देती हूँ और एक बार नहीं बार-बार और किसी दूसरे सपने कि तरफ काम करने लगती हूँ, इस से एक फायदा होता है, हमारा मैजिकल जिन्नि को हम लिखकर डिक्लेअर कर देते है, ये तो होना ही है, और साथ में कुछ और भी चाहिए तब आपकी दूसरी ख्वाइश और सपने क़े साथ उस पहली ख्वाइश का निर्माण भी जारी रहता है, कभी रुकता नहीं है, और ऐसा चाहे तो आप कई चीज़ें एक साथ हमारे यूनिवर्स को बता सकते है, एक क़े बाद एक डिजायर ऑफ़ राकेट आप यूनिवर्स में भेजते जाइये और आप पायंगे कि आपके सभी सपने पूरे हो रहे है, क्यूंकि ब्रह्माण्ड में सब कुछ असीमित है, तो हमारे सपनो को सीमित मत कीजिये।

बस एक कॉपी में अपने हर सपने, ख्वाइश लिखते जाइये एक लिस्ट बनाकर और यूनिवर्स को कहते जाइये कि ये सब चाहिए, दोस्तों अपने अनुभव से मैं बता रही हूँ, हर खवाइश और सपना पूरा होगा, मेरा भी हर सपना सच हुआ है।

मैंने पिछले पंद्रह महीनो मैं कम से कम १० डायरी लिख-लिख कर रख दी। हर बार अपनी नयी विश लिखती और पूरी होने पर दूसरा सपना लिख देती, और यकीं मानिये हर विश पूरी हुई है, या फिर कई विश निर्माण की स्थिति में है पर मैंने कोई भी आर्डर cancel नहीं किया, लिखकर रखने में एक science है जो मैं आगे आपको अगले चैप्टर्स में बताउंगी । अपने सारे सपने आज तक जो भी सोचे है एक कॉपी में लिखकर रख दीजिये।

बस थोड़ा सब्र कीजिये, थोड़ा वक़्त दीजिये निर्माण में समय लगता है।

अपना सपना बार-बार बोलकर यूनिवर्स को बताइए, याद दिलाइये, ये आपके सपने है, sandwich और dinner नहीं, सपनो और ख्वाइशों से समझौता क्यो।

सपने एक नहीं दस देखिये पर कभी भी प्लान A कि सफलता पर शक करके प्लान B मत बनाइये, क्यूंकि प्लान B बनाकर आप अपने दिमाग और दिल क़े किसी कोने में प्लान A कि असफलता पहले ही घोषित कर चुके है, आपका मैजिकल जिन्नि आपकी असफलता कि भावना जान चूका है, सिर्फ जो हुक्म मेरे आका कहने कि देर है।

क्योंकि जब हम किसी काम को करने का DECIDE करते है, इसका मतलब ही होता है कि हमने बाकि सारे options ख़त्म किये है, ये मैंने jane sancero कि एक किताब "YOU ARE BADASS OF MAKING A MONEY" में पढ़ा था।

"IF YOU HAVE MADE A BACK UP PLAN YOU HAVEN' T MADE A DECISION."

यानि कि आपने अगर बैकअप प्लान बनाया है या प्लान बी आपके पास है, इसका मतलब आपने अभी तक डिसिशन लिया ही नहीं है।

Decide को Latin भाषा में decidere "कहते है या decide, जिसका मतलब है literally" to cut off, "from de" off"+ caedere" to cut"।

यानी की कुछ भी decide करने के बाद कोई और विकल्प नहीं होना चाहिए।

फिर प्लान A को decide करने के बाद प्लान B का विकल्प क्यों?

हमें यूनिवर्स को बार-बार याद क्यों दिलाना पड़ता है? उसका भी कारन है दोस्तों, हमारे दिमाग में कई बार किसी अनजाने डर की वजह से ग़लत ख्याल भी आते है, कई बार दूसरों के साथ हुई दुर्घटना से हमें भी सबसे पहले ये ख्याल आता है कही हमारे साथ ऐसा न हो, पर फिर हम अपने विचारों को दिमाग से फ़ौरन निकाल देते है और कोशिश करते है कि ग़लत विचार नहीं लाये दिमाग में, पर अगर ग़लत विचार को भी हम बार-बार सोचेंगे, उसे दोहराएंगे, और उसी बारे में बात करेंगे तो फिर वह सही हो या ग़लत हमारा जिन्नि जो हुक्म मे्रे आका कहकर आपको वह अनुभव या वह वस्तु आपके जीवन में ला देता है, और इसमें कोई मेरी या किसी और की राय नहीं है, बस ये यूनिवर्सल रूल है, जिसे हम कभी समझ नहीं पाते और जाने अनजाने में उसी जिनि से कह कर कई बार अपने लिए ग़लत घटनाये हम अपने जीवन में आकर्षित कर लेते है।

मैं भी जब इंदौर से बड़े सपने लेकर मुंबई आयी तो बहुत ही सुखपूर्वक अपने पति और बच्चों के साथ एक खूबसूरत ज़िन्दगी जी रही थी पर एक ग़लत स्टेटमेंट को कई वर्षों तक बार-बार मज़ाक में दोहराती रही और मुझे

नहीं पता था की मैं अपने भविष्य में एक ग़लत घटना का सर्जन कर रही हूँ, क्यूंकि यूनिवर्स जोक या मज़ाक नहीं समझता वह आपकी हर उस सोच को, भावना को और बार-बार repeat किये शब्द को आपकी ख्वाइश मान कर बस कह देता है, जो हुक्म मेरे आका, और हम कभी नहीं समझ पाते इस यूनिवर्स और law of Attraction को, चलिए अपने ही निजी हादसे को शेयर करके मैं आपको अगले चैप्टर लॉ ऑफ़ अट्रैक्शन को विस्तार से बताती हूँ।

3. Law of Attraction/आकर्षण का सिद्धांत और रहस्य

मैं बचपन से ही ज़िद्दी, आत्मविश्वास से हमेशा हर काम को करने वाली और जो सोच लिया वह करके ही मानती थी, कभी भी कोई काम असम्भव नहीं लगता था, पावर ऑफ़ यूनिवर्स और लॉ ऑफ़ अट्रैक्शन का इस्तेमाल मैं अपने जीवन में जाने अनजाने में शायद बचपन से ही कर रही थी और जो चाहा वह पाया मे्रे जीवन का सारांश है।

बचपन से ही जब जो सोचा और कहा वह पाया, मेरी काल्पनिक शक्ति बहुत क्लियर थी और मुझे पता होता था कि मुझे क्या और कैसा चाहिए और हूबहू मुझे मिल जाया करता, बचपन का एक किस्सा याद है, मुझे अपने बर्थडे पर एक white color की फ्रॉक चाहिए थी, white फुटवियर और white frill वाले socks, तब मैं शायद 6th क्लास में थी, अपनी मम्मी कि साथ market गयी, हर शॉप पर पूछा करती की white frock चाहिए, पर कभी किसी में कुछ प्रिंट होता तो कभी कोई डिज़ाइन, मेरी आँखों में pure white net की फ्रॉक थी मैं हर शॉप पर न कर देती, मेरी मम्मी ने लगभग मार्किट कि सारी shops पर पूछा और कम से कम १२ से १५ शॉप्स पर पूछने कि बाद हमें वही फ्रॉक मिला जो मुझे चाहिए था।

अब जब याद करती हूँ तो सब याद आता है कि बचपन से हर वह चीज़ मिली जिसे मैं सोचती और उसके काल्पनिक सपने देखा करती, और हमेशा मुझे वह सब मिल जाया करता तब अपने आपको लकी कहकर खुश हो जाया करती पर तब ये नहीं पता था कि ज़िद करने से, बार-बार किसी भी चीज़ कि बारे में सोचने से और कल्पना करने से मैं उसे law of Attraction कि वजह से हर वह चीज़ आकर्षित करती, लक जैसा कोई फैक्टर होता ही नहीं है, आपकी सोच, आपकी ज़िद आपकी कल्पना शक्ति से किये गए हर काम को आप अपने जीवन में आकर्षित करते है और जिन्हे ये law of Attraction कि जानकारी नहीं है वे इसे luck factor का नाम देते है।

इंदौर से मुंबई आना और यहाँ शिफ्ट होना मेरी उसी काल्पनिक सोच का परिणाम था, एक बार अपने पिता कि साथ 2000 जुलाई में जब पहली बार

इस शहर में आयी, किसे प्यार न होगा इस नगरी से जिसने यहाँ की बारिश देख ली, बस तब से मुंबई मेरी आँखों में था और ये सोच लिया था कि इंदौर छोड़ना है तो सिर्फ़ मुंबई कि लिए। 2000 से 2003 तक मुंबई मेरी आंखों में था, मैं अक्सर कल्पना किया करती मुंबई में अपने आपको और तीन वर्षो में उसका सर्जन हो गया । 2003 में काम में बेहतर अवसर के लिए अपने पति के साथ shift हो चुकी थी। 2005 में एक प्यारी-सी बच्ची मे्रे जीवन में आयी, सब कुछ बहुत सुन्दर और फ़िल्मी कहानियों-सा था, और मैं बहुत खुश थी।

मुंबई में टीवी इंडस्ट्री में Assistant director से अपना career शुरू किया और Creative director तक का सफ़र, सब कुछ बहुत अच्छा था, एक अच्छी जॉब, घर पर पति और बच्चे को अपना इंतज़ार करते देखती तो, अपने आप को बहुत खुशनसीब मानती थी।

टीवी इंडस्ट्री में एक बहुत ही बड़ा और जाना माना प्रोडक्शन हाउस Balaji Telefilms, जहाँ काम करना हर किसी का सपना होता है और कहते है जिसने वहाँ काम किया उसे बहुत कुछ सीखने को मिलता है और आगे बढ़ने को भी, पर odd working hours और बच्ची छोटी थी इस वजह से मैंने कभी वहाँ काम करने का नहीं सोचा था।

करियर से ज़्यादा अपने परिवार को ज़्यादा समय दूँ ये सोच मेरी हमेशा से थी। फिर भी कई बार जब लगता कि अपने किसी प्रोजेक्ट की वजह से अपने परिवार को ज़्यादा समय नहीं दे पा रही हूँ तो अक्सर दो तीन महीने का ब्रेक ले लिया करती क्योंकि पति, बच्चा, सुखी और ख़ुशहाल परिवार मेरा पहला लक्ष्य था। करियर को परिवार से ज़्यादा अहमियत मैंने कभी नहीं दी थी।

कई बार जब नए प्रोजेक्ट की तलाश करती और कोई मुझे वहाँ काम करने की सलाह देता या पूछता कि तुम Balaji Telefilms को क्यों नहीं ज्वाइन करती? तो मैं हमेशा मज़ाक में कह दिया करती थी, की जिस दिन Divorce चाहिए होगा उस दिन ज्वाइन करूँगी।

मुंबई की भाग दौड़ की ज़िन्दगी में कई मैरिड कपल्स एक दूसरे को समय नहीं दे पाते और ये वजह कई परिवार के टूटने का कारण बन रहा था, और इस वजह से Divorce rate दिन पर दिन बढ़ रहा था, तो हमेशा मैं मज़ाक में ये कह दिया करती थी।

"जब भी Divorce चाहिए होगा तब Balaji Telefilms join करूँगी" ये स्टेटमेंट एक बार नहीं दो बार नहीं बार बार, कई महीनो और लगभग कई वर्षों तक, कोई भी पूछता मैं यही रटा रटाया-सा जवाब दे दिया करती।

मैं नहीं जानती थी की बार-बार यही शब्द कह कर मैं अपने जीवन में law of Attraction के द्वारा अपने divorce का सर्जन कर रही हूँ। "creation with Affirmations"

मुझे नहीं पता था कि मैं जाने अनजाने में universe को ये सन्देश दे रही हूँ और repetitive affirmations से मैंने balaji Telefilms के साथ अपने Divorce को connect कर दिया, की जब divorce चाहिए होगा तब Balaji ज्वाइन करुँगी।

में नहीं जानती थी, की universe अपने नियमनुसार मेरे हर स्टेटमेंट को YOUR WISH IS MY COMMAND " कह रहा है, और उसका सर्जन कर रहा है।

2003 में मुंबई आये और 2011 तक सबकुछ एक फ़िल्म की तरह था, 2011 जुलाई में पति का प्रमोशन, प्यारी-सी बच्ची और मेरी ज़िन्दगी, सब बहुत अच्छा चल रहा था, की एक दिन जुलाई 2011 में Balaji Telefilms से एक नया शो सँभालने का ऑफर आया, ऑफर अच्छा था और अब बच्ची भी लगभग 6 वर्ष की हो चुकी थी, मैंने immediate ज्वाइन कर लिया।

मैं ये भूल चुकी थी की मैं इस company के साथ मेरे Divorce को connect किया है बार बार, हर बार और सालों साल, और वही हुआ, मैंने ज्वाइन किया ही था जुलाई 2011 में, और दो महीनो के अंदर oct 2011 में मेरे हाथ में पति के द्वारा भेजा गया Divorce letter था।

और मैं समझ ही नहीं पायी मेरी गलती क्या है, सब कुछ तो सही चल रहा था, मैंने अपने आप को इतना दयनीय स्थिति में पाया कि कभी अचानक छोड़ कर जाने पर पति को दोष दिया तो कभी सास ससुर को इसका कारण माना, कारण तो बनते ही है और उसका माध्यम कोई भी बना हो, कुछ भी बना हो, पर सच्चाई ये थी की इसे मैंने Create किया था, बार-बार एक ग़लत Statement के चुनाव से और repetitive Affirmations से।

मुझे नहीं पता था कि यूनिवर्स आपके हर कहे गए और बार-बार दोहराये गए वाक्य को YOUR WISH IS MY COMMAND कह देता है और उसका सर्जन शुरू कर देता है, अगर आप बार-बार न दोहराये तो नहीं होगा पर मैंने तो ये स्टेटमेंट को रट लिया था।

इसीलिए बड़े बुज़ुर्ग कहते है, शुभ-शुभ बोलो, माँ सरसवती विद्यमान होती है आपकी बोली में, पर बड़े बुज़ुर्ग शायद ये नहीं जानते थे की ये Law of Attraction है।

ऐसी ही एक घटना का उल्लेख मैंने POWER OF SUB CONSCIOUS MIND by JOSEPH MURPHY की बुक में पढ़ा, एक पिता ने भी इसी तरह के suggestion दिए, उस व्यक्ति की बेटी को crippling form of Arthritis था और उसके सब ट्रीटमेंट fail हो रहे थे वह इतना परेशान था कि कई बार कह दिया करता कि वह अपनी RIGHT ARM भी देने तो तैयार है अगर बेटी ठीक हो जाए।

एक बार पूरा परिवार कार राइड पर कहीं गए और उनका एक्सीडेंट हुआ जिसमे उस व्यक्ति का दांया हाथ शोल्डर से निकल गया, पर देखते हे देखते उसकी बेटी बिना किसी ट्रीटमेंट कि पूरी तरह स्वस्थ हो चुकी थी।

आज जब उम्र के ४५वे वर्ष में मेरी दोस्त ने मुझे यूनिवर्स और लॉ ऑफ़ अट्रैक्शन के बारे में समझाया और इस बुक "power of subconscious mind by Joseph Murphy" में इस घटना का जिक्र पढ़ा तब पता चला कि मैंने भी Divorce को क्रिएट किया था, जाने अनजाने में, मज़ाक-मज़ाक में, ग़लत स्टेटमेंट से यूनिवर्स को ग़लत सन्देश देकर।

इस किताब के माध्यम से आप सब तक पहुँचने का और अपने जीवन की घटनाओ को शेयर करने का सिर्फ़ एक ही मकसद है कि जो मैंने गलती की, आप शायद न करे।

लॉ ऑफ ट्रक्शन का मतलब है हम हर वह वाक्य जो बार-बार कह रहे है उसे अपने जीवन में आकर्षित कर लेते है, पर हमेशा ग़लत ही attract करेंगे ऐसा नहीं है।

गलत बोले शब्द अगर एक हँसते खेलते परिवार को तोड़ सकते है तो सही शब्द से, एक दिल्ली से साधारण-सा दिखने वाला लड़का जब मुंबई आकर अपनी बाहें फैलाकर ये कहता है कि मैं एक दिन मुंबई का किंग बनूँगा और उसी सोच को वह बार-बार दोहराता है, और वही शब्द कहते हुए एक दिन मुंबई का किंग खान याने शाहरुख़ खान बन जाता है।

दोस्तों किसी भी बात कि रट लगाना और उसी बात को दोहराने से उस बात पर law of attraction apply हो जाता, इस बात को हम एक बच्चे से समझ सकते है, जैसे कोई बच्चा जब बार-बार एक ही चीज़ की ज़िद करता है, तो थक हार कर माता पिता उसे दे ही देते है, क्यूंकि वह अनजाने में बाल मन लॉ ऑफ़ अट्रैक्शन को इस्तेमाल कर रहा है।

वह लॉजिक्स नहीं जानता कि उसकी मांग संभव है या नहीं, इस बात कि फ़िक्र किये बिना वह अपने माता पिता से सिर्फ़ ज़िद्द करता है और माता पिता उसे कैसे भी कहीं से भी पूरी कोशिश करके उसे वह लाकर देते है।

पर हम जैसे ही बड़े होते है, ज़िद करना अच्छी बात नहीं है ये माता पिता से सुनकर हम अपनी उस आदत को छोड़ देते है, और बड़े होने के साथ-साथ स्ट्रगल भी तो शुरू हो जाता है, क्यूंकि बड़े और समझदार बन ने की दौड़ में हम लॉ ऑफ़ अट्रैक्शन का इस्तेमाल करना भूल जाते है, संतोषी बन जाते है, ये संभव है या नहीं की समझ में अपने आप ही फैसला कर लेते है कि कितना मिलना चाहिए जबकि यूनिवर्स में तो बहुत कुछ है बल्कि हर वह चीज़ है जिसे आप पाना चाहते है।

पर दोस्तों यूनिवर्स यानी कि ब्रह्माण्ड में, जिसमे आपके लिए सब कुछ है उसे से ज़िद करिये, वहाँ आपके लिए सब कुछ है, बस बच्चे बन कर रट लगा दीजिये यूनिवर्स यानी मैजिकल जिन्नि से, आपको आपकी पसंदीदा वस्तु या मन कि मुराद पूरी न हो ऐसा हो ही नहीं सकता।

बच्चे लॉ ऑफ़ अट्रैक्शन का इस्तेमाल अच्छे से जानते है क्योंकि वह लॉजिक्स नहीं जानते, लॉजिक्स से हमें वह चीज़ पहले ही असंभव लगती है।

जाने अनजाने में आप ध्यान दीजिये कितनी ही बातें आपके बार-बार कहने से पूरी हुई है? ऐसे कई कलाकार है जिनका हम कभी जीवन का अनुभव सुनेगे तो पाएंगे एक्टर बनने कि चाहत बचपन से होती है, और वह हर दिन हर पल एक्टर होने का सपना देखते है, और एक दिन साधारण इंसान से वह बहुत बड़े कलाकार बन जाते है, अपनी सोच और काल्पनिक शक्ति से।

वह हम जैसे ही है, अगर वह सब कुछ पा सकते तो हम क्यों नहीं, बस हमारी ज़िद में, कमी रह जाती है, अपने ऊपर पूरा विश्वास नहीं होता, और सफल होने का सपना देखने से पहले हमारे जीवन की विपरीत स्थितियों की वजह से हम असफतला का डर अपने दिल और दिमाग में ले आते है, और साधारण-सी ज़िन्दगी जीते हुए कब उम्र क़े उस पड़ाव पर पहुँच जाते है, जहाँ सफल व्यकिओं देखकर एक काश की भावना और उसे किस्मत वाला है कहकर अपनी किस्मत से समझौता कर लेते है।

धीरे धीरे पैसे वालों से और किस्मत वालों से कई बार जलन कि भावना हमारे दिल में आने लगती है, और कई बार तो जलन, घृणा गुस्सा, झुंझुलाहट इतनी बढ़ जाती है की किसी से मिलने पर कड़वा बोलना, हर बात पर नाराज होना, ये सब हमारे व्यक्तित्व का हिस्सा बन जाता है, और फिर पैसे वालों को देखकर वही घृणा, पैसे को सारी समस्यायों कि जड़, बोलकर हमेशा क़े लिए पैसे से, अच्छी किस्मत से अपने आपको कोसो दूर कर लेते है।

ये मैजिकल जिन्नि यानी यूनिवर्स आपकी सब बात सुनता है, जब आपका दिल नफरत, गुस्सा, जलन, घृणा से भरा होता है, तब हम मैजिकल जिन्नि से इस तरह के लोग और स्थितियाँ आकर्षित करने लगते है, और कभी हमारे जीवन में कोई बदलाव भी नहीं आता, पर जब आपका दिल साफ़ होता है, बहुत ही सच्चा और सरल, जब आप दूसरों की ख़ुशी और सफलता में दिल से खुश होते उसे wow कहकर appreciate करते है, तब आपकी भावनाएँ यूनिवर्स तक तरंगो के रूप में पहुँचती है, और जैसा आप सोच रहे है, वैसे ही धीरे धीरे, अपनी ज़िन्दगी में आकर्षित करने लगते है, लॉ ऑफ़ अट्रैक्शन से।

तो मैजिकल जिन्नि और यूनिवर्स के लॉ को आप समझ गए होंगे इसीलिए अच्छा सोचे, सही बोले, और अच्छा देखे अपनी काल्पनिक शक्ति से क्योंकि मैजिकल जिन्नि आपकी हर सोच को, यही कहेगा, जो हुक्म मेरे आका।

मेरे सफ़र में रेवती ने जब ये सब बताया तब शुरू हुआ कुछ आदतों का बदलना और कुछ नयी आदतों को शामिल करना अपनी दिनचर्या में, की आज मैं आप सबसे इस बुक के माध्यम से मिल रही हूँ। तो आइये चलते है अब और क्या करना था मुझे मेरी खुशहाल ज़िन्दगी के लिए रेवती के अनुसार।

॰☙॰

4. Avoid 3 Cs/3-सी से बचें

Cribbing, Complaning and Crying

जी हाँ दोस्तों, ये तीन शब्दों को निकाल दे अपने जीवन से, किसी भी बात पर परेशान होना, हर बात पर शिकायत या आलोचना ये सब अपने जीवन से निकलना होगा, सबकुछ आसानी से चाहिए तो ये सब बंद करना होगा, ये थी रेवती के अगली हिदायत।

माता पिता और तीन भाइयों की छोटी बहन होने के कारण अपने मन मुताबिक सब मिलता गया, और माँ की परवरिश से आत्मविश्वास तो जैसे मेरे रगों में खून के साथ ही दौड़ता था, ज़िन्दगी में एक थंब रूल बनाया था, तीन Cs की हमारी ज़िन्दगी में कोई भी जगह नहीं है, यही रूल मैंने अपनी बच्ची को भी सिखाया और शायद जाने अनजाने में इस रूल का पालन करते हुए हम लॉ ऑफ़ अट्रैक्शन का पालन कर रहे थे।

Cribbing, complaining एंड crying, ये तीन शब्द से हमारा कोई नाता नहीं था, पिछले नौ वर्षों से हर सुबह अपने इष्ट श्री गणेशा से वादा लेती थी की प्लीज हमारा ध्यान रखना और हर दिन पूरा होते ही शाम को अपने इष्ट श्री गणेश को धन्यवाद करती की, रोटी, कपडा, सर पर छत और बच्ची की शिक्षा आज वह सब हमें मिला जो हमारे जीवन के लिए ज़रूरी है, कल का वह फिर ध्यान रख ले।

बस एक-एक दिन की ज़िम्मेदारी अपने गणेशा को सौंप देती और देखते-देखते कब ९ वर्ष हो गए पता ही नहीं चला।

मुंबई शहर में अपनी बच्ची को अकेले ही संभालती, पर दोस्तों कितनी भी मुसीबत आयी गणेशा पर भरोसा था तो चिंता कैसे करती, इसलिए घबराना, परिस्थितों को दोष देना, किसी की भी बुराई करना, रोना, ये सब कभी नहीं किया।

रोने से कमजोर होने का एहसास होता है, और मैं कैसे कमज़ोर होती एक तरफ बच्ची का हाथ थामा था जिसे ये बताना था सब कुछ अच्छा है, और दूसरा हाथ स्वयं श्री गणेशा ने थामा हो जिन्हे ये बताना था कि मुझे आप पर भरोसा है, तब रोने या किसी की आलोचना या चिंता का हाथ कैसे थामती।

40 से 40 करोड़...

रात के २ बजे पूरे घर के सामान के साथ अपनी ८ साल की बच्ची के साथ मुंबई में रोड पर अपने आप को पाया, ८ साल के बच्ची पूरे १२ घंटे रोड पर मेरे साथ भूखी थी पर गलती मेरी नहीं थी तीन महीनो से मेरी कंपनी ने मुझे सैलरी नहीं दी थी, पर शायद ही कोई हो जिसे मैंने फ़ोन पर रोकर अपना हाल सुनाया हो।

न ही किसी से शिकायत और न किसी को दोष, क्यूंकि एक बात तो समझ आ गयी थी की हर रोज़ एक नया इम्तिहान है और पास होना ज़रूरी है, और पूरे नम्बरों से पास हुई मैं और मेरी बच्ची, की आज किस्मत इतना कुछ दे रही है कि मेरी बच्ची सिर्फ़ कहती है उसे क्या चाहिए और उसे वह सब मिलता है जो उसे मिलना चाहिए और जो उसका हक़ है।

यूनिवर्स का एक रूल है जब आप रोते है तो रोने के और अवसर मिलेंगे और अगर आप किसी की आलोचना और चिंता करते है तो वही अवसर मिलेंगे, law of attraction के नियमनुसार, इसलिए हमारी ये आदत की न किसी को दोष देना, न किसी से किसी की शिकायत और रोना तो हमें आता ही नहीं था, और खुश रहते गए हर हाल में, और जाने अनजाने में हमने खुशियों के अवसर attract किए, लॉ ऑफ़ अट्रैक्शन से।

दोस्तों ये सब अनुभव मेरा स्वयं का है और सफलता का राज भी, ये मेरे जीवन का सारांश है और सार भी।

पर किसी ने कहा है

"if a man for whatever reasons has the opportunity to lead an extraordinary life, he has no right to keep it himself."

JACQUES-YVES COUSTEAU Legendary underwater explorer and filmmaker

यानि की अगर किसी व्यक्ति के पास अलौकिक जीवन जीने के सुझाव या अनुभव है तो उसे अपने तक सिमित रखने को कोई अधिकार नहीं है।

अगर आप ज़िन्दगी के उस दौर से गुजर रहे है, जहाँ कुछ अच्छा नहीं चल रहा, lockdown में जॉब नहीं रहा, घर में पैसे नहीं बचे, कर्ज़दार दरवाजे पर है और आप परेशान हो रहे है और आपको कुछ नहीं सूझ रहा,अगर आपको अपनी स्थति बहुत दयनीय महसूस हो रही है और रोना आ रहा है तो मेरी माने और जितना रो सकते है रो लीजिये, फिर कभी न रोने के लिए क्योंकि अगर आपने ये किताब खरीदी है, या किसी भी जरिये से ये आपके हाथों में है तो ब्रह्माण्ड का इशारा समझिये, जिंदगी में फिर कभी रोने का मौका नहीं मिलेगा, फिर कभी आप अपने आपको मजबूर और लाचार नहीं समझेंगे, फिर

कभी न तो भगवान से अपने पैदा होने के लिए सवाल करेंगे और न ही कभी किस्मत को दोष देंगे, और न ही कभी किसी धनवान और सफल इंसान की देखकर अपनी लाचारी महसूस होगी।

क्यूंकि जब तक ४० से ४० करोड़ तक का सफ़र आप मेरे साथ तय करेंगे और इस किताब में लिखे सारे निर्देशों का पालन करेंगे आप ४० से ४० करोड़ के सफ़र पर निकल चुके होंगे।

हर अच्छी चीज़ हमेशा निर्देश पुस्तिका साथ लेकर आती है तो बस बिना सवाल किये एक बार ये किताब में दिए सारे निर्देशों का पालन कीजिये, और जीवन के जिस पड़ाव में आप है, अपने मन की तो आपने कर ही ली और अगर ये किताब आप पढ़ रहे है इसका मतलब है कि बदलाव की चाहत है और ज़रूरत भी, तो चलिए अब सबसे पहले एक डायरी लीजिये और शांति से बैठकर वह सब लिखिए जो आपको लगता है आपके साथ ग़लत हुआ, या आपकी ज़िन्दगी और बेहतर हो सकती थी अगर आपने अपने दिल की बात मानी होती, अगर आप कभी अपने माता पिता या कभी अपने बॉस या कभी अपने परस्थितयों को दोष दे रहे है तो सब लिख दीजिये ।

क्यूंकि जैसे-जैसे हम इस सफ़र में आगे बढ़ेंगे आपको ये मौका फिर नहीं मिलेगा।

क्या आप उन्ही में से है, जिन्हे जब सही वक़्त पर बोलना चाहिए था, नहीं बोल पाए और अब किसी और के फैसलों की वजह से जो परिणाम है आपकी ज़िन्दगी में, आप उन्हें दोष देते है।

क्या आप उन्ही में से है, जिन्होंने उस इंसान से शादी की जिसे आपके माता पिता ने आपके लिए चुना और अब आप खुश नहीं है उस रिश्ते मे।

क्या आप उन्ही में से है जिन्होंने पढाई में वह सब्जेक्ट लिया जो किसी और ने कहा या माता पिता ने कहा, और अब आप की रूचि न होने की वजह से आप परेशान और दुखी है।

क्या आप उन्ही में से है जिन्होंने किसी के कहने पर कही पैसों के कोई इन्वेस्टमेंट कर दी और उसमे काफी नुक्सान हो गया और अब आपके पास कुछ नहीं बचा।और अब आप उस व्यक्ति को दोष दे रहे है।

क्या आप उन्ही में से है जिसे खाना बनाना पसंद नहीं और आप अपनी पसंद का काम नहीं कर पा रही और सबकी ख़ुशी और घर में शांति बनाये रखने लिए आप वह सब कर रही है।

क्या आपको नयी कार लेनी है पर पैसा बचाने की सीख या धन के अभाव में आप अभी भी पुरानी कार में जाते है पर खुश नहीं है।

आपकी जो भी स्थिति या परिस्थती है, आप हर वाकया इस डायरी में लिखे, जितनी शिकायतें है, किस्मत से, दोस्तों से, परिवार से, पत्नी, से टीचर्स से। सब इस डायरी में एक बार लिखे दे और फिर हमेशा के लिए इन्हे फाड़कर फेक दे ये कहकर की आज से, और अब से आपके साथ जो होगा उसके ज़िम्मेदार आप और सिर्फ़ आप होंगे, कोई शिकायत नहीं, किसी पर कोई दोषारोपण नहीं, जीवन आपका है तो फैसले भी आपके होंगे।

जो हो चूका उसे बदला नहीं जा सकता तो फिर रोकर क्या मिलेगा? तो रोना बंद कीजिय। रोने से आप जितने सालों तक रोयेंगे आपको रोने के और अवसर प्राप्त होंगे, ये मैं नहीं पर आकर्षण का नियम कहता है।

जो आज हो रहा है और अगर आप खुश नहीं है तो या तो स्थति सुधार लीजिये या फिर उसे बदल लीजिये।

अगर अपने जॉब में बॉस से या किसी colleague से नहीं बन रही, आपको कुछ है जो खटक रहा है और आप परेशान है, तो या तो इस बारे में सम्बंधित व्यक्ति से बात कीजिये स्थिति सुधारिये या दूसरा जॉब ढूँढिए।

क्योंकि जिस जगह पर आप काम कर रहे है उसकी बुराई, और शिकायत करके आप खुद एक नकारात्मक ऊर्जा पैदा कर रहे है, अगर इसी जॉब में रहना है, तो स्थति संभाल लीजिये, नहीं तो नकारात्मक ऊर्जा कि वजह से आपके कहने से पहले आपके बॉस आपको जाने के लिए कह देंगे।

दूसरी जॉब ढूँढिए जहाँ आप खुश है और जहाँ आप अपने बॉस से खुश है, क्यूंकि तभी आपके मस्तिष्क में सकारात्मक ऊर्जा रहेगी, अगर आप अपने काम से खुश है, तो आपमें एक स्फूर्ति रहेगी घर से निकलते समय और काम से लौटे समय एक संतुष्टी, और वही ऊर्जा आप अपने घर में लेकर जायेंगे।

ज़िन्दगी और खुशयों की डोर आप सम्भालिये क्योंकि अगर कुछ सही नहीं हुआ तो कम से कम दोषारोपण से तो आप बच जाएंगे और सही हुआ तो उसका क्रेडिट भी स्वयं लीजिये।

दोषारोपण, आलोचना और रोने में वक़्त ज़ाया मत कीजिये, फैसले लीजिये

बेहद ख़ुशी मिलती है जब ज़िन्दगी भी आपको होती है और फैसले भी।

ये तो तय है, की ज़िन्दगी तो बदलेगी और बहुत अच्छे के लिए बदलेगी, इसे ब्रह्माण्ड का इशारा समझिये-समझिये की अब वह आपको बहुत कुछ देना चाहता है। तभी ये किताब आपके हाथों में है।

5. Habits and Life Style/आदतें और जीवन शैली

लॉ ऑफ़ अट्रैक्शन यानि, आकर्षण के नियम समझाने के बाद अब रेवती ने मुझे मेरी कुछ आदतें बदलने और कुछ नयी आदतें अपनाने को कहा, अब ४५ वर्ष में वर्षों की आदतें कहाँ बदलती है ये कहकर मैंने रेवती को सवाल किया, क्यूंकि मुझे मेरी कोई आदत बदलने जैसा महसूस नहीं हुआ, सुबह उठकर भगवान् की पूजा बच्चे को टिफिन देकर स्कूल भेजना, अपना काम और फिर थक कर सो जाना, सिगरेट और शराब तो मेरी ज़िन्दगी में थी ही नहीं, गलत आदतों का कोई प्रश्न ही नहीं था, अब ये कौनसी आदत है जिसके बारे में रेवती मुझे बताना चाहती थी और मुझसे एक वादा चाहती थी की मैं उन सारी आदतों को अपनाउंगी ही नहीं बल्कि उन्ही आदतों को अपनी दिनचर्या में शामिल करूँगी।

कई बार अपने संघर्ष की वजह से मैं अक्सर भगवान से पूछा करती थी, क्यों मेरे जीवन में संघर्ष है, जबकि मुझमे कोई बुरी आदत ही नहीं, कभी किसी के साथ ग़लत न करने का तो वादा मैंने अपने इष्ट श्री गणेशा को किया, फिर ऐसा क्या था जो मुझसे छूट रहा हो जीवन को सफल और ख़ुशहाल बनाने के लिए.तब रेवती ने मुझे समझाया।

बुरी आदतों का न होना अच्छी बात है पर जो बुरा आपके साथ हुआ है उसे बार-बार याद करके परेशान होने से में वैसी ही स्थितियों को attract कर रही हूँ। बुरी आदतों के न होने की वजह से जीवन सफल होगा इस बात की कोई गारंटी नहीं, पर अगर आप यूनिवर्स से कनेक्टेड है तब तो सफलता आपके साथ होगी, पर यूनिवर्स कि कुछ रूल्स है और कई निर्देश जिनका पालन मुझे करना ही होगा, कोई और विकल्प नहीं है।

पूछने पर रेवती काफी देर तक और कई दिनों तक हर रोज़ मुझे फ़ोन पर नयी-नयी आदतों के बारे में समझाती गयी जिन्हे मुझे अपनी दिनचर्या में शामिल करना था । पर आज मुझे जब उन्ही आदतों को अपनी दिनचर्या में शामिल करके मैंने अपना जीवन बदला तो अपने आपको रोक नहीं सकी इस किताब के माध्यम से आप सबके साथ शेयर करने से, मुझे ये मानवता के प्रति

अपनी ज़िम्मेदारी महसूस हुई और ये एहसास हुआ की रेवती ने मुझे समझाया, अपना वक़्त दिया तो मुझे भी इसे आगे बढ़ाना चाहिए और एक ज़िम्मेदार नागरिक होने के साथ-साथ मानवता के प्रति ये मेरी ज़िम्मेदारी भी है इसे मैं अपने आप तक सिमित रखूं ये गलत होगा।

बल्कि अगर यही आदतें अपना कर और ४० से ४० करोड़ के माध्यम से ४० व्यक्तियों की भी ज़िन्दगी बदलने में मैं सफल हुई तो ये मेरा आभार व्यक्त करने का एक माध्यम हो सकता है रेवती और अब्राहिम हिक्स और कई नाम जो मेरे इस सफ़र में मुझे समय-समय पर कभी अपनी किताबों से तो कभी you tube videos से मुझे प्रेरित करते रहे।

तो आइये दोस्तों हम उन्ही आदतों की चर्चा करेंगे अगले चैप्टर में।

A. Brain and System Cleansing/मस्तिष्क और प्रणाली की सफाई

"खुद की तरक़्क़ी में इतना वक़्त लगा दो।
कि दूसरों की बुराई करने का वक़्त ही न मिले"

अब ये क्या आफत है मैंने पूछा, जब रेवती ने मुझे कहा कि ये मेरा अगला सबक है, और वह आदत और दिनचर्या है जो मुझे समय-समय पर करनी होगी।

मैंने कहा अब खुश होने और पैसा कमाने के लिए ये कौनसी शिक्षा है या आदत, रेवती हंसी और कहा जब तक ये नहीं होगा खुशियाँ नहीं आएँगी, ये universe का रूल है, मैंने बिना किसी ववाद विवाद के कहा कि समझाओ मुझे क्या करना होगा, रेवती ने तब प्यार से समझया कि हम कितना भी थैंक्स बोल ले अच्छे काम कर ले पर दिल से सच्ची खुशियाँ आपके जीवन में जब तक नहीं आएगी जब तक आपके दिमाग में ये विचार उत्पन्न्न होते रहेंगे।

सारे नकारात्मक शब्द,

सारी नकारात्मक सोच,

किसी से भी बदला लेने की सोच, या फिर

किसी को नीचा दिखाने की सोच,

किसी भी सफल व्यक्ति को देखकर उसके प्रति जलन की भावना,

या फिर किसी भी तरह के ग़लत शब्दों का प्रयोग,

बातों बातों में खुद के लिए नकारत्मक शब्दों का इस्तेमाल,

या फिर अपने साथ हुए किसी घटना और दुर्घटना को बार-बार याद करना,

ये सब मेरे साथ ही क्यों होता है,

मेरी किस्मत ही ख़राब है।

जैसे शब्दों और वाक्यों का प्रयोग जो हम जाने अनजाने में बोल देते है, सब की सफाई हमारे दिल और दिमाग से करना होगी।

किसी के बारे में उसके पीछे उसकी बुराई,

दूसरों के जीवन का आंकलन,

किसी ने कुछ कहा नहीं और बस बिना मतलब जाने उसपर प्रतिक्रिया,

सफल और धनवान व्यक्ति को देखकर जलन और उसे किस्मत वाला कहकर अपनी किस्मत को दोष,

इन सब आदतों को पूर्ण विराम लगाना होगा।

जिसने भी तुम्हारे साथ जो कुछ ग़लत किया या कोई रिश्ते जो पीछे रह गए और आज तक अगर तुम उन्हें माफ़ नहीं कर पाए तो उन्हें माफ़ करके आगे बढ़ना है और भूल जाना है।

क्यूंकि लॉ ऑफ़ अट्रैक्शन से उसी तरह के लोग, वैसे ही सिचुएशन बार-बार तुम्हारी ज़िन्दगी में आती जायेगी, यूनिवर्स का ये नियम है, आप जो कह रहे है, जैसा कह रहे है, और जैसा सोच रहे लॉ ऑफ़ अट्रैक्शन में हमने जाना की हम वही परस्थितयाँ और वैसे ही व्यक्ति को अपने जीवन में बार-बार लाते रहेंगे।

सबको माफ़ करना होगा, हर किसी की ख़ुशी में दिल से उसके लिए खुश होना होगा, मन में किसी के लिए भी बदले की भावना न हो अगर दूसरों के लिए कोई भावना हो तो वह हो उसके लिए अच्छा सोचना और बहुत सारी शुभकामनाएँ। तब नियमानुसार यूनिवर्स भी आपको वही लौटाएगा जो हम दे रहे है, माफ़ करो और आगे बढ़ो।

दोस्तों ३७ साल से ४४ वे वर्ष तक मेरे जीवन में सिर्फ़ संघर्ष था, कभी struggle ख़त्म ही नहीं हुआ, मैं थक चुकी थी, तब मैंने जाना कि अपने साथ हुए बुरे हादसे को हम बार-बार दोहराते है, जब भी कोई मुझे पूछता मेरी पर्सनल लाइफ के बारे में तो 2011 में घटी घटना को मैं बार-बार कहानी के रूप में सुनाती और मेरे साथ हुई घटना का सारा क्रम मेरी आँखों कि सामने आ जाता, और हमारा मैजिकल जिन्नि यानी यूनिवर्स हमारी भावना और कल्पना शक्ति में जो चलता उसे ही वापस हमारे जीवन में ला देता, Law of Attraction से। मुझे रेवती कि बातें थोड़ी-थोड़ी समझ आ रही थी और मैं कोशिश भी कर रही थी।

फिर एक दिन मुझे रेवती ने एक वीडियो भेजा और कहा ये एक घंटे का वीडियो तुम्हे बिना डिस्टर्ब हुए देखना है, अगर बोर हो तब भी, मैंने तो जैसे अपने जीवन की डोर रेवती के हाथ में दे दी थी क्योंकि उसने प्रॉमिस किया था कि मेरी ज़िन्दगी के सारे संघर्ष और दुःख चले जायेंगे।

अपनी दोस्त पर अविश्वास कैसे करती, भरोसे के साथ ही ये सफ़र शुरू किया था और उसके कहने पर, मैं अपने सारे काम छोड़ कर उस वीडियो को देखने लगी, एक घंटे से ज़्यादा का वह वीडियो you tube पर, Garrain jones का from prison to multi-millionaire with positive Thinking को जब मैंने सुना और देखा, तब सब समझ आ गया था कि अब मुझे क्या करना है।

रेवती को ज़्यादा समझाने की ज़रूरत नहीं पडी क्योंकि मैं खुद समझ चुकी थी की अपने दुःख और तकलीफ की बातें बार-बार दुहरा कर, अपने संघर्ष की कहानी को मैं बार-बार दुहराती थी, और वह परेशानी और संघर्ष अपना रूप बदल-बदल कर मेरी ज़िन्दगी में बार-बार आता, और सच्चे रास्ते पर चलते हुए, पूजा पाठ करते हुए, अपनी ज़िम्मेदारी को निभाते हुए अपने इष्ट श्री गणपति का सहारे के साथ में जी तो रही थी, और उनके सहारे से मुझे हमेशा कई बार चमत्कारिक रूप से मदद भी मिली पर सच्ची ख़ुशी, और आसान ज़िन्दगी से मैं फिर भी कोसों दूर थी।

क्यूंकि दिमाग में अगर बहुत कुछ नकारात्मक भाव है या फिर सकरात्मक सोच की कमी है, तो लॉ ऑफ़ अट्रैक्शन, मैजिकल जीनी आपके हर सोच को, हर शब्द को हर भावना को कहता है जो हुक्म मेरे आका, क्यूंकि जब आप किसी भी बात को बार-बार रट लगा कर दोहराते है, जिसका मैजिकल जिन्नि यही अर्थ लगाता है की हमें वह सब चाहिए और लॉ ऑफ़ अटैक्शन वैसे ही लोग, वैसी ही स्थितियाँ आपके जीवन मैं और लाता जाता है, और आप सालों साल स्ट्रगल करते जाते है।

इसलिए अक्सर आपने देखा होगा, निर्धन व्यक्ति सारी ज़िन्दगी निर्धन रहता है, और धनवान व्यक्ति के पास धन बढ़ता जाता है, क्यूंकि निर्धन व्यक्ति अपनी स्थिति, अपने निर्धन होने की वजह से हुई परेशानियों को सबके सामने बार-बार दोहराता है और वही आकर्षित करता है और धनवान व्यत्कि धन के बारे में ज़िन्दगी भर सोचता है और धन को आकर्षित करता है।

इसलिए हमारे दिमाग से हर वह विचार, हर बुरी याद, हर वह व्यक्ति जिसने आपको कभी भी कोई तकलीफ दी है या आपकी तकलीफ का कारन बना है, इन सबको भूल कर आगे बढे, क्यूंकि उसमे उनकी गलती नहीं है, हमने वह स्थति आकर्षित की है, वह सब तो महज एक माध्यम थे।

इसीलिए दोस्तों आज से आप भी सिर्फ़ वही बातें करें जो आप चाहते है, ये बुक के माध्यम से मैं हर उस व्यक्ति तक पहुँच कर उसे विश्व के सबसे धनी लोगों में जिनका नाम आता है बिल गेट्स के कही बात बताना चाहती हूँ,

If you born poor its not your mistake but if you die poor its your mistake.-Bill Gates.

यानी की

"निर्धन पैदा होना आपकी गलती नहीं थी, पर अगर आप निर्धन ही इस दुनिया से गए तो आपकी और सिर्फ़ आपकी गलती है।"

इसलिए दोस्तों, आज से दिमाग की स्लेट को पूरी तरह साफ़ कर दे और एक नहीं कहानी लिखे जिसमे आप सिर्फ़ खुश है, धनवान है, सेहतमंद है और सुखी है, यही सोचिये, यही बोलिए और यही पाइये।

लॉ ऑफ़ अट्रैक्शन से आप सब कुछ पा सकते है, धन के बारे में सोचकर धन पा सकते है, सफलता के बारे में सोचिये, एक अच्छे खुशहाल परिवार के बारे में सोचिये और वही सब आकर्षित कीजिये अच्छी आदतें, अच्छे विचार, अच्छी सोच से।

तो चलिए ये सब दिल और दिमाग की सफाई करके आगे बढ़ते है उन आदतों की तरफ जो मुझे अपनी दिनचर्या में शामिल करनी थी अपने सफल और सुखी जीवन के लिए।

तो चलिए आप बताइए, ऐसे कौन से विचार है जो आपको अपने दिल और दिमाग से निकलना है, ऐसे कौन से व्यक्ति है, जिन्हे आप माफ करके उनके प्रति जो दिल कर मस्तिष्क में गुस्सा और नकारात्मक विचार है उनकी सफाई करके एक साफ़ जीवन के तरफ चले और अच्छा सोचे, अपने सुखी परिवार के बारे में, अपने सपनो के बारे में, जो हो चूका उसे बदला नहीं जा सकता पर आगे आपके साथ क्या होना चहिये वह लिखिए.

लिखे कुछ Affirmations और उसे दोहराएँ । Repetitive affirmation से आप सब बदल सकते है और वह सब पा सकते है जो आपके आँखों में है । तो चलिए जानते है क्या लिखना है।

B. Affirmations/अभिपुष्टियों

मैं बहुत खुश हूँ ।

मैं बहुत सफल हूँ।

मैं बहुत सेहतमंद हूँ।

मैं बहुत खुश हूँ।

मेरे पास बहुत धन है।

मेरे पास एक अच्छा परिवार है।

मेरे पास अच्छे दोस्त है।

मुझे हमेशा नए अवसर मिलते है।

मेरे पास आय के कई स्रोत है।

मेरे पास बहुत वक़्त है अपने शौक पूरे करने के लिए।

मेरे पास बहुत धन है और साथ में वक़्त भी की मैं दुनिया भर में घूम सकूँ।

मेरे दोस्त और मेरा परिवार मेरी बहुत इज़्ज़त करते है और मुझे उन सबसे बहुत प्यार मिलता है।

मेरी ज़िन्दगी में बहुत सुनहरे अवसर मुझे मिलते है।

जी हाँ दोस्तों अपने लिए सही वाक्यों को किसी कॉपी में लिखना और उसे बार-बार पढ़ना, इसे ही कहते है Affirmation.

अब इस आदत के लिए आपको एक डायरी रखनी पड़ेगी और उसमे हर वह सकारात्मक वाक्य लिखेंगे जैसी ज़िन्दगी आप चाहते है।

वैज्ञानिक रूप से जब भी हम सकरात्मक शब्द बोलते या लिखते है तो वह सारे शब्द हमारे अवचेतन मन तक पहुँचते है और जब हमारा मन उस वाक्य को स्वीकार करता है, धीरे-धीरे आपकी ज़िन्दगी वैसी ही होती जाती है, इसलिए हमें हमेशा सकारात्मक विचार ही सोचना, बोलना और लिखना चाहिए।

Affirmations लिखने के तरीके

Affirmations हमेशा सकारात्मक होने चाहिए।

Affirmations हमेशा वर्तमान काल में होना चाहिए जैसे कि अगर आप धन चाहते है, तो मेरे पास धन आएगा, मेरी अच्छी जॉब लगेगी, मेरे पास एक अच्छा घर होगा॥। ये सही तरीके नहीं है।

बल्कि मेरे पास बहुत सारा धन है, मेरे पास एक अच्छी नौकरी है, मेरे पास एक अच्छा घर है, सही तरीके यही है Afirmations लिखने का।

क्यूंकि जब हम भविष्य काल में होगा का प्रयोग करते है तो वह हमेशा होगा के स्थति बनाता है यानी कल की स्थति और कल हमेशा आगे बढ़ता है।

इसलिए जब आप हर रोज़ डायरी में लिखना शुरु करते है, मेरे पास बहुत धन है, मेरा स्वास्थ्य अच्छा है या मैं सेहतमंद हूँ, मुझमे बहुत एनर्जी है, मेरे पास एक अच्छाघर है, इस तरह के वाक्य सकारात्मक सोच उत्पन्न करते है और जब आप उन्हें रोज़ दोहराते है, तो आपका अवचेतन मन को लगता है ऐसा ही है, और फिर वह वही स्थति बना देता है।

You don't become what you want, you become what you believe...

Oprah winfrey.

अवचेतन मन के अपने पॉवर है और वह कैसे काम करते है, ये बहुत ही बड़ा और विस्तार से समझने का विषय है, और इस विषय को जोसफ मर्फी ने बहुत अच्छे से समझाया है, आप ये किताब ज़रूर पढ़े।

Power of subconscious mind और जो हिन्दी में अवचेतन मन की शक्ति के नाम से बाज़ार में या ऑनलाइन उपलब्ध है।

मैंने पिछले पंद्रह महीनो में काफी affirmations लिखे उसके चमत्कार भी मैंने महसून किये और प्रत्यक्ष रूप से उनसे अपनी ज़िन्दगी में बहुत ही बड़ा और कई तरह के बदलाव लाये है। दोस्तों हमारे इस ४० से ४० करोड़ के सफ़र में पढाई और लिखाई का बहुत महत्त्व है, आपका पढ़ना लिखना बहुत ज़रूरी है और ये एक आवश्यक प्रक्रिया है। मैं किसी भी स्कूल या किताबी ज्ञान की बातें नहीं कर रही बल्कि जो पढाई मैंने की उनके बारे में आपसे चर्चा करूँगी अगले चैप्टर में।

पर अगले चैप्टर में जाने से पहले मैं चाहूंगी की आप भी एक डायरी, या कॉपी जो भी आपके पास उपलब्ध है, उसमे अपने सारे सपने, अपने goal को एक-एक करके वर्तमान वाक्य में लिख लीजिए और ये प्रण कीजिये की इसे आप सबसे पहले सुबह उठ कर पढ़ेंगे और रात में सोने से पहले एक बार ज़ोर से पढ़कर यूनिवर्स को ये डिक्लेअर करेंगे की आपका जीवन कैसा है।

दोस्तों शुरू-शुरू में ये थोड़ी मुश्किल प्रक्रिया लग सकती है, मुझे भी कठिन लगता था जब बैंक में 100 रूपये होते थे और मैं डायरी में लिखती थी की मैं धनवान हूँ और बहुत खुश हूँ, पर यकीन मानिये जब आप किसी झूठ को बार-बार हर बार बोलते है, तब आपके मन को एक दिन वह सब सच लगने लगता है और वही दिन आपका जीवन बदलेगा जिस दिन आपने इस झूठ को या अपने भविष्य के सपने को वर्तमान बताकर डायरी में लिखे, पढ़ा और दोहराकर अवचेतन मन को ये सन्देश पहुँचा दिया।

दोस्तों वैसे तो हमारे लाइफ जो कई वर्षों से चल रही है, पर अगर एक नयी आदत को अपनाने में हर्ज़ नहीं है तो एक बार करके देखे। ज़िन्दगी बदल जायेगी ये आपसे मेरा वादा है।

वैसे भी जब सालों से जो ज़िन्दगी आप ज़ी रहे है और अगर मन खुश नहीं है, तो समझ जाइये बदलाव की ज़रूरत है, हमारी आदतों में हमारी सोच और हमारी समझ में।

और यही Affirmations आपके जीवन में कई मौके लाएगा की आप खुश भी हो और हर चीज़ को, अपनी ज़िन्दगी को Appreciate भी करें। क्योंकि दोस्तों Appreciation का एक बहुत बड़ा role है और बहुत फायदे भी, चलिए अगले चैप्टर में समझते है Appreciation को विस्तार से।

c. Appreciation/प्रशंसा या सराहना

दोस्तों इस एक शब्द में बहुत ताक़त है, वैसे तो रोज़मर्रा कि ज़िन्दगी में हम इसका अक्सर इस्तेमाल करते है पर बहुत ही सीमीत तरीके से, बिना इस शब्द की जादुई शक्ति जाने बगैर। इस शब्द की ताक़त मुझे अब्राहिम हिक्स की बुक "Ask it is given" में पढ़ने को मिली और इस शब्द का इस्तेमाल मैंने भी उसी तरीके से किया जो की अब्राहिम हिक्स, मेरी मेंटर ने समझाया था, नतीजे देखने लायक है जिस तरह यूनिवर्स की बनाई हर चीज़ की प्रशंसा करके मैंने उसे सराहना शुरू किया वैसे-वैसे मेरे जीवन में सुबह से शाम तक ऐसे अनुभवों के झड़ी लगी की मैं अपनी ज़िन्दगी में मिलने वाले अनुभव की प्रशंसा किये नहीं थकती और यूनिवर्स ने इतना दिया कि धन्यवाद कहते-कहते पूरा दिन निकल जाता है और ऐसे ही मेरे जीवन के पंद्रह महीने निकल गए। ज़िन्दगी इतनी आसान कभी ना थी जितनी आसान मात्र इस शब्द के इस्तेमाल ने की है।

दोस्तों हम दिन भर में कई बार किसी दोस्त की उपलब्धि पर, या कभी किसी के लुक्स को देखकर या कोई ऐसी वस्तु जो हमें चाहिए उसकी तारीफ या प्रशंसा करते रहते है, परन्तु इस Appreciation शब्द को इस्तेमाल करके अगर हमारा गुस्सा कम हो जाए, या फिर हमारा बात-बात पर झुंझलाना कम हो जाए, हमें सब्र करना आ जाए और हम हमेशा हमसे मुस्कुराते रहे, क्या ऐसा हो सकता है?

जी हाँ दोस्तों Appreciation शब्द का ज़्यादा से ज़्यादा इस्तेमाल हमारे मस्तीष्क में एक अजीब-सा सुकून, शांति लाता है और चेहरे पर मुस्कुराहट।

कैसे?दोस्तों जब भी कोई हमारी तारीफ़ या प्रशंसा करता है, हमारे चेहरे पर एक मुस्कान आ जाती है और ये मुस्कान देखकर तारीफ करने वाले व्यक्ति के चेहरे पर भी एक मुस्कान आ जाती है। ये बहुत हे सहज है,इसलिए प्रशंसा का या किसी की सराहना का इस्तेमाल हम जितना ज्यादा करेंगे उतनी ही मुस्कान हम कई चेहरों पर ला सकते है,और जब आप किसी के चेहरे पर मुस्कान लाते है तो आपका मन बहुत ही प्रसन्न होता है।

अंजना रितौरिया

किसी ने कहा है न "मुस्कान संक्रामक है "इसलिए इसे फैलाये।

दोस्तों अक्सर जब हमारी कोई तारीफ़ करता है हमारे चेहरे पर मुस्कुराहट आती है, ये बहुत ही सहज है, और आपकी मुस्कुराहट से तारीफ़ या प्रशंसा करने वाले के चेहरे पर भी एक मुस्कुराहट आ जाती है, बस इसी मुस्कुराहट को हम जितना फैला सकते है इस शब्द का ज़्यादा से ज़्यादा इस्तेमाल से।

दोस्तों लॉ ऑफ़ अट्रैक्शन में हमने जाना जैसा सोचोगे, जैसा बोलोगे वैसा पाओगे। बस यही नियम यहाँ भी apply होता है।

अब अगर आप हर किसी की प्रशंसा करेंगे तो प्रशंसा ही आएगी न जीवन में। अचानक आपको लगने लगेगा कि आपके दोस्त, आपके colleagues आपका परिवार किसी न किसी वजह से आपकी प्रशंसा कर रहे है,लॉ ऑफ़ अट्रैक्शन है ही इतना पावरफुल। इंसान आप वही है पर आपकी सोच के बदलते ही आपके आस पास के लोग बदल गए और अचानक आपको आपके आस पास के सभी लोग खूबसूरत लगने लगेंगे, एक अलग ही प्रसन्ता आपके जीवन का हिस्सा बन जायेगी, और ये बहुत ही आसान है।

हमने अक्सर देखा है हम कहीं भी जब जाने के लिए घर से निकलते है किसी गंतव्य तक पहुँचने की लिए घर से निकलते वक़्त हम खुश होते है,अच्छे मूड में होते है पर रास्ते में traffic को देखकर हम impatient हो जाते है, हर signal पर ट्रैफिक की वजह से कभी अपनी घडी को देखते है तो कभी आसपास के लोगों को हॉर्न बजाकर अपने बेसब्र होने का परिचय देते है, सारे रास्ते कभी population को तो कभी ट्रैफिक सिस्टम को तो कभी रोड पर निकले हुए दूसरे यात्रियों को कोसते है, क्यूंकि आप जल्दी पहुँचना चाहते है, और जैसे तैसे आप जब अपने गंतव्य तक पहुँचते है, सबसे पहले चार बातें ट्रैफिक के बारे में और उस से हुई परेशानी की चर्चा करते है।

घर से निकलने से लेकर गंतव्य तक पहुँचाना ये आपका एक सफर है,एक यात्रा है,अपने गंतव्य तक पहुँचने की बेसब्री में आप इस यात्रा को एन्जॉय करना भूल जाते है, इस को और आसानी से समझाती हूँ, अगर हमें मिला हमारा जीवन या ज़िन्दगी एक सफर है और मौत इस यात्रा का अंत तब क्या आप इतनी ही जल्दी करेंगे उस गंतव्य तक पहुँचने की? नहीं न, तब आप हर दिन हर पल जीना चाहेंगे उसे एन्जॉय करना चाहेंगे, बस इसी तरह आपको अपने सफर को, अपनी यात्रा को एन्जॉय करना है, रास्ते में हर मिलने वाले व्यक्ति,और वस्तु या अनुभव को जीना है उसकी प्रशंसा करना है।

बस इसी सफ़र को Appreciation में बदलना है, घर से निकलने से पहले तय करले की सारे रास्ते आप अपनी इस यात्रा को एन्जॉय करेंगे, न की destination तक पहुँचने की जल्दी।

घर से निकलते ही ये तय करें की रास्ते में कम से कम 10 ऐसे व्यक्ति जिनके साथ आपकी नज़र मिलती है वह कही 1 सेकंड की क्यों न हो उसे bless करेंगे।

सभी अच्छी वस्तु जो आपको पसंद आ रही है, चाहे वह रोड पर चलने वाली मॅहगी गाड़ी या किसी गाड़ी का कलर या मॉडल, जो भी अच्छा लगेगा उसको appreciate करेंगे, उसकी मन ही मन प्रशंसा या सरहाना करेंगे।

Wow ये कलर कितना अच्छा है,

किसी की पहनी हुई शर्ट, साड़ी या किसी का कोई स्टाइल या लुक्स, उसकी मन ही मन प्रशंसा करें,

कोई प्यारा सा कपल जा रहा है, उसकी प्रशंसा करें हो सकता है आपके जीवन में वह ख़ुशी न हो पर किसी भी दूसरे को खुश देखकर खुश होकर मन ही मन उसकी प्रशंसा करें,

हर उस व्यक्ति को जो इस वक़्त आपके नज़दीक है, हर उस वस्तु को जो आपके आसपास है,प्रशंसा करें।

जी हाँ, घर से बाहर निकले और ट्रैफिक सिग्नल पर अगर रेड लाइट है, और आप को देरी हो रही है, आप appreciate करना शुरू करदे ऑटोवाले को, या ड्राइवर की ड्राइविंग स्किल्स को, की वह रोज़ आपको कितनी सहूलियत से और सुरक्षित तरीके से आपके गंतव्य तक पहुँचाता है।

रोड पर खड़ी दूसरी गाड़ियों के मॉडल को देखे और उसे देखकर यूनिवर्स को बताएँ की वह आपको पसंद है, अगर आप किसी बैंक में कतार में है और जल्दी आपका काम नहीं हो रहा, इस वक़्त के मिले खाली समय को अपने आसपास लगे किसी बोर्ड उसपर जो कलर है, अपने आसपास किसी भी व्यक्ति को, कोई शर्ट या उसका कलर आपको पसंद है, ऐसे हर चीज़ को आसपास देखे और जो भी आपको पसंद है उसे देखकर कहे ये आपको पसंद है, किसी vegetables वेंडर के पास हो, ऐसी जगह हम चाहते है सबसे पहले हमें या हमारी ज़रूरत को वह सुने, अगर ऐसा नहीं होता है तब हम जल्दी करो की रट लगाकर ये बताना चाहते है कि हमें देर हो रही है, उस वक़्त का इस्तेमाल सब्जियों को

देखकर उनके कलर्स को देखकर उसकी प्रशंसा करें, आसपास के माहौल में किसी भी अच्छी वस्तु या व्यक्ति को देखकर उसे bless करें।

इस से आप न केवल अपने सब्र का परिचय देंगे ही बल्कि आपको अंदर से प्रसन्ता महसूस होगी जब आप मन हे मन किसी की प्रशंसा कर रहे होंगे या किसी को bless कर रहे होंगे।

किसी भी रेस्टोरेंट में आपका आर्डर आने में देरी है, बार-बार वेटर को पूछने की बजाय आसपास रखे flower vase को देखकर उसे appreciate करें और i like this color कहकर यूनिवर्स को बताएँ।

जहाँ भी आप हो, जहाँ भी जाए, कोशिश कीजिये अपनी हर पसंदीदा वस्तु या व्यक्ति को या अनुभव को यूनिवर्स को बताएं, इस आदत से आप यूनिवर्स को अपनी पसन्द से अवगत करा रहे है, और जब आप उस वस्तु बारे में सोच कर खुश हो रहे है तब आप उसी तरह की वस्तु, व्यक्ति और अनुभव को अपने जीवन में आकर्षित करेंगे।

आपकी इस आदत से जब आप प्रकृति के हर चीज़ की प्रशंसा करेंगे तो universe भी आपकी प्रशंसा करेगा, आप महसूस करेंगे, की आपको compliment मिलने लगे है, लोग आपको appreciate कर रहे है, किसी ना किसी वजह से। और हर वह वस्तु आपकी ज़िन्दगी में आप attract कर रहे है जिसे आप appreciate कर रहे है।

इस आदत को अपनी दिनचर्या में बिना सवाल किये शामिल करें महज एक हफ्ते में आप अपनी ज़िन्दगी में बदलाव महसूस करेंगे और आपको अंदर ही अंदर एक ख़ुशी महसूस होगी, आपमें हमेशा एक पॉजिटिव एनर्जी और आसपास के व्यक्तियों या स्थति को देखने का नजरिया बहुत ही सकारात्मक हो जाएगा । ये यूनिवर्स का नियम और मेरा अनुभव कहता है।

करके देखिए, Appreciate And Attract.

D. Meditation/ध्यान

दोस्तों हम सब ने Meditation के बारे में बहुत सुना है, कहते है ध्यान में ध्यान नहीं लगता और उसके लिए कई तरह की तकनीक काफी Meditaion centre में सिखाते है, मैं भी यहाँ ध्यान की बात करने जा रही हूँ, पर ध्यान लगाने के लिए कोई बड़ी तकनीक नहीं है,पर पहले ये जानते है ध्यान या Mediation करना क्यों है?

मुझे रेवती और अब्राहिम हिक्स ने इसका इतना अच्छा और सरल तरीका बताया जिस से ध्यान लगाने में मुझे कभी ध्यान नहीं लगाना पड़ा और उसके सारे फायदे मुझे थोड़े ही दिनों में मिलना शुरू हो गए और फिर बहुत ही आसान तरीके से ध्यान में ध्यान लगने लगा।

चलिए सबसे पहले हम मैडिटेशन/ध्यान के क्या फायदे है ये जान लेते है, क्यूंकि ये मानव प्रवृति है कि जब तक हमें फायदा या लाभ न बताया जाए, उसमें हमारी रूचि नहीं होती ।

ध्यान लगाने के कई फायदे है, कुछ शारीरिक और कुछ मानसिक:-

वैसे तो ये हम सब जानते है कि हमारे शरीर को थकने के बाद आराम की ज़रुरत होती है और अगर हम आराम न करे तो हमारा शरीर काम करने से मना कर देता है।

जब हम १० से १२ घंटे लगातार शारीरिक परिश्रम करते है तो एक अच्छी नींद लेकर शरीर को आराम देते है और उसे तैयार करते है अगले दिन फिर काम करने के लिए, पर दोस्तों जब हमारा शरीर सात से दस घन्टे काम करके थक जाता है और नींद के रूप में विश्राम चाहता है, तब क्या हमारा मन, और दिमाग जहाँ सिर्फ़ दस घंटे नहीं २४ घण्टे काम चलता है, क्या उसे आराम की ज़रूरत नहीं है, क्या वह नहीं थकता, विज्ञान के मुताबिक हमारे दिमाग एक दिन में एवरेज 12000 से 60000 तक विचारों का आना जाना लगा रहता है, यहाँ तक की सोते समय भी दिमाग काम कर रहा होता है, तब क्या उसे विश्राम नहीं चाहिए?

क्या कभी सोचा है आपने की कुछ लोग दिन भर काम करके भी नहीं थकते, और कई बार कुछ व्यक्तियों के चेहरे पर उम्र के ४० वर्ष से ही शिकन की लकीरे दिखने लगती है, कुछ लोगों में 60 साल कि उम्र में भी 30 साल के युवा कि तरह एनर्जी होती है तो कई बार 30 साल के युवा पर 60 साल के उम्र की शिकन दिखती है, और कारण है उसकी जीवन शैली और दिनचर्या।

दोस्तों मानव प्रवृति कभी भी ज़िमेदारी नहीं लेता, दोषारोपण की आदत सी होती है और कई बार शरीर की कई बीमारी का दोष हम शरीर की उम्र के साथ जोड़ देते है अपने मन को दिलासा देने के लिए, हड्डियों में दर्द हुआ, आँखों की रौशनी कम हुई, बालों का झड़ना शुरू हुआ, और दांतो का गिरना,हर बीमारी को हमने शरीर की उम्र के साथ जोड़ दिया है, पर सच्चाई तो ये है कि कोई भी बीमारी आपके शरीर की उम्र की वजह से नहीं बल्कि अपने दिमाग में जो उम्र है, उसकी वजह से होती है, बल्कि हमारे दिमाग की सोच और हमारी दिनचर्या कि वजह से होती है।

क्यूंकि अगर हम उम्र की बात करें तो 86 वर्षीय जर्मन Johanna Quaas जिमनास्टिक में विश्व रिकॉर्ड कैसे बनाती? बुढ़ापे के जोड़ों का दर्द क्या उन्हें नहीं था?

मेरे ही परिवार में मेरे दादाजी ने 101 वर्ष में अपनी देह त्यागी, और इस उम्र तक न तो उन्हें कोई ब्लड प्रेशर की शिकायत थी और न ही शुगर की, १०० वर्ष तक वह अपने पैरों पर खड़े रहे और ज़मीन पर घंटों आसान लगा कर बैठे रहा करते, और कारण था उनकी जीवन शैली और उनकी दिनचर्या, मैंने स्वयं उन्हें बचपन से देखा है, सुबह ५ बजे प्राणायाम उनकी जीवन शैली थी, सरसों के तेल की मालिश उन्होंने धूप में बैठकर कई वर्षों तक की और जिसके फलस्वरूप उन्हें कभी भी कोई जोड़ों के दर्द की शिकायत नहीं हुई, सुबह ५ बजे उठकर ध्यान लगाना उनकी दिनचर्या में था।

मेरे पिताजी जो ७५ वर्ष के है आज तक उन्होंने कभी डेंटिस्ट से मुलाकात नहीं की, जहाँ हमारे दांतों में कैविटी 30 साल के उम्र में हो जाती है, दाँतों में सेंसिटिविटी का अनुभव भी नहीं हुआ उन्हें कभी, ये सब खान पान और सही दिनचर्या और जीवन शैली पर निर्भर करता है,

सही जीवन शैली और दिनचर्या आपको ना ही एक स्वस्थ शरीर देता है बल्कि आप हमेशा खुशमिज़ाज़ रहते है।

किसी ने सही कहा है

"अपने शरीर का ख्याल रखे, यही है वह जगह जहाँ आप रह सकते है।"

ऐसी ही एक जीवन शैली है ध्यान जो न केवल हमारे शरीर की उम्र बढ़ा सकता है, बल्कि ध्यान से अपने दिल और दिमाग को भी हम आराम देकर कई बिमारियों और से भी आराम पा सकते है।

आपने क्या कभी जान ने की कोशिश की है कि कई बार कई व्यक्ति छोटी छोटी-सी बात पर झल्ला जाता है, बात-बात पर गुस्सा करता है, और कई व्यक्ति बहुत ही शांत मन से, बिना घबराये मुस्कुराते हुए पूरी ज़िन्दगी गुज़ार देते है।अंतर है Meditaion या ध्यान को जीवन शैली बनाना।

- ध्यान लगाने से हमारे शरीर को तो विश्राम मिलता ही है पर हमारे दिल और दिमाग को भी हम विश्राम देते है।
- ध्यान लगाने से मन शांत होता है ।
- ध्यान लगाने से हमारे शरीर का रक्तचाप कम होता है
- ध्यान से मन की व्याकुलता कम होती है
- ध्यान से दिमाग में तनाव नहीं होता,
- ध्यान से सिरदर्द और नींद न आने की शिकायत कम होती है,
- ध्यान से हमारे मन को एक अलग ही ऊर्जा प्राप्त होती है,
- ध्यान से हमारे मन में औरों के प्रति द्वेष और जलन की भावना नहीं आती
- ध्यान से हमारा मस्तिष्क एकाग्र होता है,

कई लोगों ने अपने निजी अनुभव बताये है, की आखरी समय पर अपनी यात्रा कैंसिल करके वह कई दुर्घटनाओं से भी बचे है।ये सारे अनुभव मात्र 15 minute के लिए ध्यान को अपनी जीवन शैली में शामिल करने से हुए है।

सरल शब्दों में एक छोटी-सी परिभाषा है, की ध्यान वही आराम है जो आपके दिल को और आपके मस्तिष्क को नयी ऊर्जा, नयी ताकत, नयी स्फूर्ति देता, और ध्यान से हम अपने अंतर्मन की आवाज़ सुन पाते है जो समय समय पर आपको भविष्य में होने वाली घटनाओ से आगाह करता है या फिर आपको सही राह दिखता है, ध्यान से एक discipline आता है जीवन में और

डिसिप्लिन के क्या फायदे है ये तो कई बहुत बड़े और सफल व्यक्तियों ने उन पर किताब लिखकर हमें बताया है।

दोस्तों ध्यान वही आराम है जो हमें अपने शरीर, अपने मन और अपने दिमाग को देना होता है।15 मिनट अपने दिमाग में आये विचारों को बंद करके आँखें बंद करना है और अंतर्मन की आवाज़ सुनने की प्रक्रिया को ही ध्यान कहते है। बहुत आसान है ऐसा लगा मुझे।

मैडिटेशन के फायदे जानकार मैंने भी १५ मिनट आँखें बंद करना सीख लिया पर विचारों के आने जाने पर मेरा कोई नियंत्रण नहीं था, बल्कि धयान करते समय कोई विचार दिमाग में नहीं आना चाहिए, परंन्तु यही विचार मुझे बार-बार आता और ५-६ दिन ध्यान करने की कोशिश के बाद परेशान होकर मुझे लगा मुझसे नहीं होगा।

पर अब रेवती में मुझे आत्मनिर्भर बनाने का फैसला ले लिया था, अब जब भी मेरे मन में कोई सवाल आता, मेरे सवाल के जवाब देने की बाजय रेवती मुझसे कहती ध्यान लगाकर अपने मन की आवाज़ सुनो जवाब मिल जाएगा, ध्यान लगाने के बाद सोने से पहले यूनिवर्स को अपना सवाल कह दो, नींद में जवाब मिल जाएगा।

थोड़ा अजीब था लेकिन मैं भी अब ये अनुभव करना चाहती थी, मैंने अपने १५ मिनट आँख बंद रखकर शांति में बैठे रहने की प्रक्रिया जारी रखी, लगभग 15 दिनों तक सब्र से मैंने ध्यान लगाना शुरू कर दिया, पर अब मुझे वाकई कुछ अलग महसूस होने लगा था, मैंने पाया कि किसी सवाल को पूछने पर मुझे उसका जवाब मेरे स्वप्न में मिलने लगा, अब तो मुझे मज़ा आने लगा था, यूनिवर्स से बातें करने मे।

दोस्तों आज मुझे १५ महीने हो चुके है, मेरा सोने से पहले ध्यान लगाना आज भी जारी है, और हाँ दोस्तों अब मुझे किसी भी समस्या में सलाहकार की ज़रूरत नहीं होती बल्कि मेरा अंतर्मन, या यूनिवर्स मुझे हर सवाल का जवाब देने लगा, ज़िन्दगी और भविष्य अब मैं साफ़-साफ़ देख सकती हूँ।

दोस्तों यूनिवर्स आपसे बात करना चाहता है, आपको हर पल गाइड करना चाहता है, पर हम दिन भर की भागा दौड़ी में और बाहर की आवाज़ों के साथ इतने व्यस्त होते है कि universe आपसे न तो बात कर पाता है और न ही आपको गाइड, पर अगर हम दिन में कभी भी अकेले में १५ मिनट आँख बंद करके उसकी आवाज़ सुनना चाहे तो आपका सबसे बड़ा मित्र होगा यूनिवर्स जो

पल पल, हर पल आपको आपके हर अगले कदम के लिए गाइड करेगा, आप हर सवाल का जवाब आप सुन सकते है, और ज़िन्दगी में सफल होने के लिए मार्गदर्शन भी यूनिवर्स आपको देगा।

पर उसे सुनने के लिए आपको बाहर की सारे आवाज़ें शांत करके शांत मन से १५ मिनट आँखें बंद करके बैठना होगा, और कोई विचार आपके दिमाग में न आये ये कोशिश कीजिये क्योंकि ध्यान हमारे मस्तीष्क को आराम देने की प्रक्रिया है।

ऐसा शुरू-शुरू में नहीं हो पता है क्योंकि हमारे दिमाग में २४ घण्टे हर सेकंड विचार आते जाते रहते है, पर कोई बात नहीं, शुरू कीजिये ये सोचकर की यूनिवर्स से हर रोज़ १५ मिनट की मीटिंग रखनी है, बात करनी है, ध्यान लगाए और ध्यान से उसे सुनंने की कोशिश कीजिये, बस यही है ध्यान।

दोस्तों आपको ऐसे अनुभव मिलेंगे की अगर आपने मेरी बात मानकर ४० दिन भी अगर ये प्रक्रिया की और ध्यान लगाया तो आप पाएंगे की अब आप खुद दूसरों को मैडिटेशन करने के सलाह दे रहे है, क्यूंकि चमत्कार से आपका साक्षात्कार होने लगा है।

आपको चमत्कार मिलने शुरू होंगे की आप खुद हैरान हो जायेंगे की लाइफ इतनी आसान कभी न थी, कर के देखिये और ये रोज़ की दिनचर्या में शामिल करना है।

मैंने बिना किसी सवाल के अपनी दोस्त रेवती की बात मानी और आज ये बुक जो आप पढ़ रहे है, ये उसी यूनिवर्स से बात करने का परिणाम है, मैंने कभी नहीं सोचा था कि मैं कभी कोई बुक लिखूंगी परन्तु ध्यान में मुझे यूनिवर्स ने ये बताया कि मुझे आगे क्या करना है और मेरे जीवन का उद्देश्य क्या है, आप का भी जन्म लेने का, आपकी ज़िन्दगी का एक उद्देश्य है, ध्यान लगाकर ध्यान से सुनिए और आगे बढिये, लाइफ बहुत ही आसान और खूबसूरत है।

यहाँ तक की ध्यान के बाद की प्रक्रिया विसुअलिसशन भी मैंने शुरू कर दी है और ये दो प्रक्रियों से जो फयदे मिले है, मुझे मानसिक रूप से और जिस तरह से ज़िन्दगी आसान हुई है, मुझे लगा कि ये मुझे आप के साथ शेयर करना चाहिए, मैडिटेशन के बाद अब ये विसुअलिसशन क्या है, ये हम आगे के चैप्टर में जानेगे

तो दोस्तो। तो चलिए पहले आपको अपने कॉपी में लिखना है वह पल, वह इंसिडेंट जब आपको लगा हो की आपको किसी ने गाइड किया, कभी आपको कोई ऐसा अनुभव हुआ हो जो आपको लगा कि किसी ने आकर आपको बचा

लिया किसी दुर्घट्ना से, या फिर आप की ज़िन्दगी में वह व्यक्ति जो हमेशा खुश रहता हो और जिसे देखकर आपको लगा हो की आप भी वैसे ही ज़िन्दगी चाहते है, आप लिखिए क्या कभी आपने गुस्से में किसी से कुछ कह दिया हो और बाद में आपको एह्साह हुआ की उस स्थिति को आप शांति से भी हैंडल कर सकते थे, या आपने देखा हो समय के साथ आपको दिन पर दिन गुस्सा आ रहा है या झुंझुलाहट बढ़ रही हो, या फिर आप थक गए है ये ज़िन्दगी जी कर और कई बार ऐसा सवाल आता हो की इस जीने का कोई मतलब नहीं, या फिर आपके जीवन में आपको ऐसा लगता हो की आप कुछ करना चाहते है पर नहीं समझ पा रहे क्या। सब कुछ लिखिए और फिर अपने आप से वादा कीजिये की सिर्फ़ ४० दिन आप १५ मिनट अपनी आँखें बंद रखकर मौन रहेंगे, बस एहि करना है आपको, मेरा वादा है आपसे, धीरे-धीरे जब आप अपनी ज़िन्दगी को बहुत ही सरल, सुखी और खुशहाल पायेंगे, आप इस आदत को अपनी दिनचर्या बना लेंगे और हाँ मेरे साथ अपने अनुभव शेयर करना मत भूलियेगा।

E. Visualisation/मानसिक-दर्शन

मुझे एक टास्क दिया था रेवती ने रोज १५ मिनट के लिए आँखे बंद रखना है मैडिटेशन में, जिसे मैं अच्छे शिष्य के तरह करती जा रही थी, पर आज ये १५ मिनट और बढ़ाने थे, मैंने कहा मैं १५ मिनट से ज़्यादा नहीं बैठ सकती मौन मुद्रा में आँखे बंद करके, अपने विचारों को रोक कर...रेवती ने मुस्कुराते हुए कहा, अब १५ मिनट के बाद विचारों को रोकना नहीं है बल्कि नए विचारों को मस्तिष्क में लाना है, पर एक चलचित्र के रूप में।

मैं अभी भी कुछ समझी नहीं, तब रेवती ने मुझे और समझाया कि Meditation के 15 मिनट बाद मुझे Visualise करना है।

Mediation में हमारा मस्तिषक शांत हो जाता है, और हम एकाग्रता से अपने सपने देख सकते है, और Visualisation उन्ही सपनो के सर्जन की ही एक प्रक्रिया है।

रेवती ने बताया की ज़िन्दगी में हमें जो भी परिस्थती या व्यक्ति चाहिए उसे फ़िल्म का एक दृश्य बनाकर हमें उस दृश्य को जीना है, जस तरह जब हम नींद में सपने देखते है और सुबह वही सपना एक फ़िल्म की दृश्य की तरह हमें याद रह जाता है, वैसे ही ये दृश्य हमें जागती अवस्था में सोच समझ कर उसका दृश्य बनाकर उसे देखना है और उसे अपने subconsciuos mind में भेजना है, इसे visualization कहते है, जो हमारी ज़िन्दगी में बहुत मायने रखती है, बल्कि हर सफल व्यक्ती की सफलता का ये बहुत बड़ा राज़ है।

क्रिएटिव डायरेक्टर होने की वजह से मेरे लिए इस शब्द से कोई नया परिचय नहीं था, क्यूंकि हमें हमारा visualisation ही क्रिएटिव बनाता है, बल्कि मैं ही नहीं हम सब इसे जानते है और हम सब बचपन से इसका इस्तेमाल करते है, पर इस प्रक्रिया के महत्त्व से अनजान हम कभी इसका सही उपयोग नहीं कर पाए।

आपसे मैं कहूँ की ये पूरी किताब lockdown के दौरान मैंने अपने एक कमरे में पलंग पर बैठकर लिखी है और हर चैप्टर को लिखने के बाद मैंने

अपनी 15 वर्षीय बेटी से राय ली है, तो क्या ये दृश्य आपकी आँखों के सामने आया, बस इसी क्रिया को visualisation या कल्पना शक्ति कहते है । पर इस शक्ति का हम इस्तेमाल नहीं जानते हुए हम इसका इस्तेमाल नहीं करते और ज़िन्दगी भर हर चीज़ को पाने की लिए परेशान होते है।

दोस्तों हमने यूनिवर्स चैप्टर में पढ़ा था, की कैसे यूनिवर्स यानी की मैजिकल जिन्नि हमारी सोच, हमारे कहे शब्द को हुक्म मानकर हमारे जीवन में प्रत्यक्ष रूप से ला देता है, ये वही प्रक्रिया है अपनी काल्पनिक शक्ति और आकर्षण के नियम से अपने भविष्य या सपनो का सृजन।

"Everything is created twice, first in the mind and then in reality."

Robin S Sharma का ये quote मैंने पढ़ा था, यानि की इस ब्रमांड में हर वस्तु या परिस्थती का सर्जन दो बार होता है पहले हमारे मस्तिस्क में और फिर ज़िंदगी में।

वैज्ञानिकों के शोध से ये पता चला है, की हमारी कल्पना शक्ति का सीधा कनेक्शन हमारे अवचेतन मन से किया है और यही कनेक्शन हमारी कलपना शक्ति से किये हुए सर्जन या दृश्य को असल ज़िंदगी में साकार करता है।

Visualisation से हमारे मन में, मस्तिष्क में और शरीर में एक स्फूर्ति जाग्रत होती है, कुछ तरंगे, पैदा होती है, और आकर्षण का नियम और यूनिवर्स से जब वह तरंगे मैच करती है, आपकी उसी सोच को आपके जीवन में प्रस्तुत करता है यूनिवर्स।

Visualisation में इतना पावर है कि आप अगर उसका सही इस्तेमाल करें तो भौतिक वस्तुओं से लेकर शारीरिक बीमारियाँ तक ठीक की जा सकती है, बस आपको एक दृश्य तैयार करना होगा और मैडिटेशन के बाद १५ मिनट उसी दृश्य को ध्यान अवस्था में देखना होगा॥ आप उसे जिस दिन दिमाग में सर्जन कर देंगे, वास्तविकता में उसका सर्जन तय है। बस आपकी इस्छा शक्ति और दृढ़ता तय करती है कि वक़्त कितना लगेगा।

उसी किताब से पढ़ा ये उदहारण ने मुझे inspire किया और मैंने भी इसे apply करने का सोचा।

जोसफ मर्फी ने उनकी बुक में, एक डॉक्टर के क्लिनिक में सफाई का काम कर रहे बच्चे का उदारहण दिया, वह बच्चा हर रोज़ डॉक्टर के क्लिनिक की सफाई किया करता और दीवार पर टंगे हुए डॉक्टर्स के सर्टिफिकेट को देखा

करता, उसे बहुत इच्छा थी की वह भी डॉक्टर बने पर पारिवारिक स्थति और उतनी पढाई का पैसा न होने की वजह से उसने कभी नहीं सोचा।

एक दिन उसे joseph murphy ने लॉ ऑफ़ अट्रैक्शन एंड अवचेतन मन की शक्तियों से अवगत कराया, बस फिर क्या था, हर रोज़ अपने घर में सोने से पहले और Meditation में डॉक्टर के क्लिनिक में टंगे हुए सर्टिफिकेट्स और डिग्रीज पर अपने नाम को लिखकर उसका दृश्य बनाकर हर रोज़ वह देखा करता, कुछ ही दिनों में उसकी वहाँ से नौकरी छूट गयी और अब वह एक पैथोलॉजी में काम करने लगा ।

वहाँ पर pathology के owner ने उसका उस काम में रूचि देखकर उसे धीरे-धीरे देखकर पेशेंट्स की पास ब्लड सैंपल लेने भेजा, अपने काम को बहुत ही बखूबी कर रहा था कि एक दिन उसके owner ने उससे पूछा कि की क्या वह पढ़ना चाहता है, उस बच्चे ने अपना डॉक्टर बनने का सपना अपने owner को बताया और फिर उसके होनहार होने की वजह से उसके owner ने उसे पढाई के लिए मेडिकल कॉलेज में उसका एडमिशन दिला कर सारी फीस का जिम्मा ले लिया आज वही बालक एक बहुत बड़ा डॉक्टर है।

Zig Ziglar के अनुसार–"अगर आप एक लक्ष्य तक पहुँचना चाहते हैं तो वास्तविकता में लक्ष्य तक पहुँचने से पहले अपने दिमाग में खुद को वहाँ पहुँचते हुए देखना होगा"

Visualisation and power of Attraction कहता है कि जो भी दृश्य आप अपंने मस्तिष्क में लाएंगे उसका होना तय है, फिर वह चाहे कोई बीमारी से निजात, या भौतिक रूप से धन, पैसा या सफलता पाने की कोशिश, सब संभव है।

मानव प्रवृति हर बात का प्रमाण चाहती है, मैंने भी इसे आजमाने का सोचा वह भी ऐसे दृश्य से जो काफी कठिन था, मेरी माँ जिन्हे 2018 फ़रवरी माह में पैरालिसिस का जब अटैक आया तो उनका दांया भाग और स्पीच जा चुकी थी, और काफी इलाज की बाद भी वह पहले वाली स्थति में नहीं थी, मैंने इस प्रक्रिया से उनकी तबीयत ठीक करने का सोचा, की वह पहले की तरह ही हो जाये, 70 साल की उम्र में paralysis के मरीज को डॉक्टर भी ये कह देते है कि इसका कोई इलाज़ नहीं है या फिर 100 परसेंट रिकवरी नहीं हो सकती।

वह इंदौर मैं रहती है, और मैं मुंबई, एक दिन जब मुझे उनका फ़ोन आया और वह रोने लगी, और अपने आप को असहाय महसूस कर रही थी की क्या वह पहले की तरह ठीक हो पाएंगी, मैंने मुंबई में मेरे एक परिचित थे जो

एक्सूप्रेससुरे से काफी लोगों का इलाज़ कर चुके थे उनसे बात की, ये संभव था उन्होंने कहा ।

अब मैंने मन बना लिया था कि एक्सूप्रेससुरे का इलाज और मेरी माँ के अवचेतन मन में ये विचार डालकर की वह अगर मुंबई आएंगी तो दस दिन में उस इलाज़ से वह बिलकुल चलने लगेंगी, उनके इसी विचार से मैंने उन्हें ठीक करने का ठान लिया।

मैं उन्हें रोज़ फ़ोन पर यही कहती की आप दस दिन में ठीक हो जाओगी, और मैंने उनके अवचेतन मन को ये भरोसा दिला दिया कि मुंबई आकर और Accupressure के इलाज़ से वह पहले की तरह उठ बैठ सकती है, उनके हाथ पैरों में वही ताकत आ जाएगी।

मैं उन्हें इंदौर से मुंबई सुबह की फ्लाइट से व्हील चेयर की सहारे मुंबई ले आयी और रेवती की और जोसफ मर्फी की बुक से मार्गदर्शन लेकर मैंने उन्हें हर रोज़ visualise करवाया कि वह अपने आपको एक महीने बाद खुद चलकर बिना व्हील चेयर के एयरपोर्ट पर देखे और रोज़ वही दृश्य मैं उन्हें दिखाया करती थी।

उन्हें मैंने उनकी बीमारी से पहले का एक फोटो दिखाया जब वह बहुत ही सुन्दर और तंदरुस्त नज़र आ रही थी और हमारा उद्देश्य था कि एक महीने में वह बिलकुल उस स्थिति में आ जाएँगी जैसे वह बीमारी की पहले दिखती थी, मैं हर रोज़ उन्हें उनका वही स्वस्थ मुस्कुराता हुआ फोटो दिखाती और फिर कल्पना शक्ति में उन्हें अपने आपको उतना ही स्वस्थ खिला हुआ चेहरा और एयरपोर्ट पर बिना व्हील चेयर जाते हुए दृश्य दिखाने का मेरा सिलसिला एक महीने तक चला।

, इसी बीच Accupressure से उनका इलाज शुरू किया क्यंकि उनके अवचेतन मन को यह विश्वास दिला दिया था की वह Accupressure के इलाज से बिलकुल स्वस्थ हो जाएंगी अब वह सौ प्रतिशत जानती थी की मुंबई में वह ठीक हो जाएगी क्यूंकि उनके चेतन मन को समझाने की लिए मैंने Accupressure के इलाज को इस प्रक्रिया में रखा, और उनके स्वास्थ्य में जो 10 दिन में सुधार आया, वह किसी चमत्कार से कम नहीं था, वह अपने सीधे हाथ से पानी की bucket उठा कर बिना किसी सहारे की चलने लगी थी।

मैंने हर रोज़ उन्हें कॉपी में affirmations लिखने को कहा, जहाँ उनका दांये हाथ में पैरालिसिस की वजह से वह पेन नहीं पकड़ पाती थी उन्होंने एक के बाद एक कॉपी भरना शुरू कर दी जिसमे उनकी handwriting में पहले

40 से 40 करोड़...

दिन की अपेक्षा हर रोज़ सुधार होता और वह लिखती थी की वह सम्पर्ण रूप से स्वस्थ एवं सक्षम है। उसी विश्वास और भरोसे के साथ जो हमने उनके अवचेतन मन को दिया था।

दोस्तों ये निजी अनुभव और माँ को स्वस्थ देखने से मुझे Meditation और Visualisation और Affirmations की ताक़त का प्रमाण मिल चूका था, इस प्रक्रिया ने उन्हें पूरी तरह से सक्षम कर दिया था कि एक दिन वह मेरे साथ मॉल में बिना किसी सहारे के आराम से घूमने गयी और उन्हें देखकर कोई अंदाजा भी नहीं लगा सकता था कि paralysis की वजह से लगभग १० महीने वह Bed पर थी। इस प्रक्रिया ने उन्हें काफी हद तक सक्षम कर दिया थ॥ उन्होंने ज़मीन पर बैठना और खुद खड़े होना भी सीख लिया और दो महीने बाद मैंने फिर एयरपोर्ट पर उनकी वही तस्वीर क्लीक की और वह हूबहू वैसी ही थी बल्कि उस से भी बेहतर दिख रही थी वह।

ये संभव है और इसमें कोई दो राय नहीं है बस विश्वास और भरोसे के साथ । उनके आत्मविश्वास में जो परिवर्तन आया वह देखने योग्य था कि वह एक उदाहरण बनी उन लोगों को आत्मविश्वास देने में जो किसी न किसी बीमारी से ग्रस्त है और जिन्होंने बढ़ती उम्र की वजह से उम्मीद छोड़ दी थी।

दोस्तों ये मेरा स्वयं का अनुभव है, कि इस Visualisation की प्रक्रिया में इतना पावर है कि आप कुछ भी पा सकते है।आप भी अपने सपने को अपने goal को एक मानसिक दृश्य बनाकर उसे Meditaion की प्रक्रिया में देखे और करें अपने सपने साकार।

कई बार ये होता है की एक ही समय हमें सब चाहिए होता है, एक अच्छा पार्टनर, शादी, अच्छी नौकरी, नया घर और बड़ी कार और बहुत सारा धन... तब कोई ऐसा दृश्य बनाइये की एक फ़िल्म की तरह उसमे सब कुछ शामिल हो और उसे आप रोज़ देखे और उस दृश्य को देखकर आप वह ख़ुशी महसूस करें, बस यही ख़ुशी की तरंगे बहुत जल्द आपके उसी दृश्य को एक बार फिर असल ज़िन्दगी में उसका सर्जन कर देंगी।

पर इसका एक सरल तरीका और है अपने सारे सपनो को एक विज़न बोर्ड का रूप दे दीजिये और अपने घर में अपने कमरे या पर्सनल स्पेस में उसे ऐसी जगह लगाइये जिस पर आपकी रोज़ नज़र जाए बल्कि meditaion करते समय आप उस पर अपना ध्यान केंद्रित कर के ५ मिनट उस विज़न बोर्ड को ध्यान से देखे, देखते ही देखते वह दृश्य आपके जीवन का हिस्सा बन जाएगा।

तो आइये आगे के चैप्टर में आपको विज़न बोर्ड के बारे में बताती हूँ, लेकिन सिर्फ़ एक शर्त है कि लॉजिक्स को या अपनी रियलिटी को हावी न होने दे। क्योंकि किसी भी तरह का लॉजिक और स्ट्रेस। आपके सपनो से आपको दूर ही नहीं बल्कि वंचित कर देगा हर वह चीज़ पाने से, जो आपका ख्वाब है।

☙

F. Vision Board/मानसिक दृश्य

Visualisation के बारे में उसके फायदे मैं खुद देख चुकी थी, पर अब लगभग ६ महीने हो चुके थे मेरे और रेवती के इस गुरु और शिष्य के सफ़र को और समय-समय पर चमत्कार से साक्षात्कार भी हो रहा था मेरा और इन छोटे-छोटे से चमत्कार से मुझे बहुत बड़ी-बड़ी खुशियाँ मिल रही थी क्योंकि अब मैं यूनिवर्स से Aligned हो चुकी थी और हमारे मैजिकल जीनी से दोस्ती हो चुकी थी। अब रेवती की जगह यूनिवर्स ने डायरेक्ट कनेक्शन बना लिया था और किसी न किसी तरह मुझे यूनिवर्स से Signals मिलने लगे थे।

दोस्तों ये बहुत ही अच्छा phase होता है। Visualisation, Thank you and gratitude और Draining & Cleaning बाद अब आपको यूनिवर्स से कनेक्ट होने की लिए किसी माध्यम की ज़रूरत नहीं होती, यूनिवर्स अब आपसे डायरेक्ट कनेक्ट करता है।

रेवती मेरी दोस्त अब ऑस्ट्रेलिया शिफ्ट हो चुकी थी और व्यस्तता और टाइम डिफरेंस की वजह से मेरा उनसे कम संपर्क हो पाता था, पर वह मुझे पूरा मार्गदर्शन देकर और यूनिवर्स से कनेक्ट कराकर अपने ड्रीम वर्ल्ड ऑस्ट्रेलिया अपने परिवार की साथ चली गयी, जो उनका सृजन था।

और अब्राहिम हिक्स की वीडियो सुनते-सुनते मेरा भी एक कनेक्शन उनसे हो गया था अतः मुझे अब रोज़ मार्गदर्शन मिल रहा था यूनिवर्स से किसी न किसी रूप में।

ऐसे ही अचानक एक दिन youtube पर एक वीडियो pop up हुआ oh my Annie का और वह विज़न बोर्ड का वीडियो था।

जिसने अपने विज़न बोर्ड के बारे में बताया, अब क्या था, मैंने भी बना लिया अपना विज़न बोर्ड 2020 जिसका Menifestation काफी करीब नज़र आ रहा है।

फिर कई ऐसे वीडियो मुझे देखने को मिले जहाँ पर विज़न बोर्ड की मदद से कई लोग अपनी ज़िंदगी में वह सब पा चुके थे जिसकी उन्होंने कल्पना कि थी या जिसकी उन्हें चाहत थी।

दोस्तों पहले में आपको बताती हूँ की ये विज़न बोर्ड है क्या, विज़न बोर्ड एक visualisation tool है, जिसका उपयोग शब्दों और चित्रों के collage से उसे बनाया जाता है, जो आपके लक्ष्यों और सपनों का संदेश यूनिवर्स तक पहुँचाते है।

दोस्तों इस बोर्ड पर आप हर वह तस्वीर लगाएंगे जो हमें चाहिए, जैसे कि पैसा, घर, पार्टनर, बिज़नेस, परीक्षा में अच्छा रैंक, ट्रेवल, अच्छी सेहत, परिवार, या फिर कोई सेलिब्रिटी या आपका आदर्श जिस से आप मिलना चाहते है, जो भी आपको प्रेरित करता हो या आपकी प्रेरणा हो। जिसे आप किसी ड्राइंग शीट पर या कार्डबोर्ड पर बनाकर उस पर अपना लक्ष्य लिखकर फोटो के द्वारा आप बना सकते है, जिसे आप बार-बार देखेंगे और आप जो देखेंगे, लॉ ऑफ़ अट्रैक्शन से वह सब आपकी ज़िन्दगी में आ जाएगा।

ये बहुत ही सरल तरीका है, अपने सपनो और उद्देश्य को अपने सामने रखकर प्रेरित होने का, आप अगर इंटरनेट पर ढूँढेंगे तो देखेंगे कई बड़े-बड़े सेलिब्रिटीज़ ने इस vision board के माध्यम से वह सब पाया जो उनका कभी सपना था।

टॉक शो स्टार Oprah winfrey ने एक बार खुलासा किया था कि वह अपने लक्ष्यों की कल्पना करने और इरादे की शक्ति का उपयोग करने के लिए एक विजन बोर्ड का उपयोग करती है। तो ओपरा के पास उसके विज़न बोर्ड पर क्या था? वह गाउन जिसे वह एक बहुत ही खास कार्यक्रम में पहनना चाहती थीं- ओबामा उद्घाटन के लिए और vision board के द्वारा उन्होंने अपना सपना पूरा किया, आज वह कहती है कि अब उन्हें किसी भी उद्देश्य को पूरा करने के लिए विज़न बोर्ड की ज़रूरत नहीं पड़ती, वह deliberate creator बन चुकी है।

दोस्तों ऐसे बहुत ही जानी मानी हस्तियां है जिन्होंने इसका प्रयोग किया है, इसका प्रयोग आप कभी भी कर सकते है।

आप एक अच्छा लाइफ पार्टनर चाह रहे है, विज़न बोर्ड बनाइए।

नया बिज़नेस शुरू करना है आप, vision board बनाइए ।

अच्छी सेहत की लिए भी आप एक सवस्थ व्यक्ति का फोटो और हेल्थ से सम्बंधित अच्छी quotes और अच्छे खानपान की फोटो लगा सकते है।

अगर आपको पैसा चाहिए, पैसों की तस्वीर लगाइये और रोज़ उसे प्यार से देखिये, affirmation लिखिए ।

जिसमे आप पैसे को ये सन्देश दे रहे है कि आप पैसे को चाहते है, हमेशा पैसे वालों को देखकर अच्छा महसूस कीजिये।

आप चाहे तो सिर्फ़ अच्छे शब्द का चयन करके भी अपने विज़न बोर्ड पर लिख सकते है।

सेहतमंद, धनवान, सुख, समृद्धि, सफलता, यात्रा, आत्मविश्वास, जैसे कई शब्द आप विज़न बोर्ड पर लिखकर उसके बारे में सोच सकते है, क्योंकि आपकी सोच आपका ख्याल वह सारे परिणाम ला सकता है, जिसकी आप कल्पना कर रहे है या देख रहे है।

दोस्तों मैंने भी उस वीडियो को देखकर अपना विज़न बोर्ड बनाया है और यकीन मानिये, मैं अपने सपने के बहुत करीब हूँ, शायद अगली किताब में आपके साथ शेयर करूँ।

☙

G. Release and Relax/भूलना और बेफिक्र होना

ये बड़ा कठिन था मेरे लिए जब रेवती ने बात की मेरे सपनो की फिर कहा उस पर ध्यान मत दो और भूल जाओ, कैसे कर सकते है?

एक तरफ हम यूनिवर्स को बोल रहे है हमें बड़ा घर चाहिए और फिर बोलकर भूल जाए, क्या बार-बार मांगना ज़रूरी नहीं है?

रेवती ने ना में सर हिलाया, मैंने कहा मुझे समझाओ, तब उसने कहा Apple ने बचपन में साइकिल मांगी थी जब वह ७ साल की थी, तुमने क्या किया, मैंने कहा उसे मैंने तीन से चार महीने बाद उसके बर्थडे पर साइकिल गिफ्ट करके उसे सरप्राइज दिया, रेवती ने फिर पूछा Apple ने इन तीन चार महीनो में कितनी बार तुम्हे कहा या ज़िद की? मैंने कहा एक भी बार नही।

तो क्या तुम भूल गयी थी? मुझसे रेवती ने पूछा, मैंने कहा नहीं वह इतनी प्यारी और समझदार बच्ची है कि जब मैंने कहा माँ के पास पैसा आएगा तो मैं उसे साइकिल लेकर दूँगी और फिर मैंने अचानक उसके बर्थडे पर सरप्राइज दिया।

दोस्तों Apple मेरी १५ साल की बेटी है और आज तक उसने मुझसे कभी भी कोई ज़िद नहीं की, अपनी मन की इच्छा बताकर भूल जाया करती है, पर मैं माँ हूँ मैं कैसे भूल सकती थी की मेरे बच्चे को क्या चाहिए।

रेवती ने कहा, Apple को अपनी माँ यानी की उस बच्ची का यूनिवर्स तो माँ ही थी, सब कुछ तो माँ ही लाकर देती थी तो एक छोटी-सी बच्ची का अपनी माँ पर भरोसा कि माँ ज़रूर लाकर देगी। फिर कब आएगा, कैसे आएगा जैसे सवाल या शंका नहीं रहती, सही समय पर आ जायेगा ये भरोसा रहता है।

मुझे समझ आ गया था और बात भी सही है, Apple ही नहीं दुनिया के हर बच्चे का यूनिवर्स/पूरा ब्रह्माण्ड उनके माता पिता ही होते है और वह उन्ही को अपनी wish बताते है, इस भरोसे पर कि wish ज़रूर पूरी होगी।

बस यही भरोसा हमें अपने यूनिवर्स पर रखना होगा बिना लॉजिकल सवाल पूछे, की कब और कैसे आएगा, मुश्किल है या आसान है, ये हमारे सोचने का

काम नहीं है, बल्कि यूनिवर्स को wish बताओ और भूल जाओ और इंतज़ार करो सही वक़्त पर सरप्राइज का।

यूनिवर्स को सरप्राइज देना बहुत अच्छा लगता है, आपकी wish वह तब पूरी करता है जब आप पूरी तरह से अपनी wish भूल चुके होते हो और फिर अचानक सही तरीके से सही वक़्त पर सरप्राइज मिलता है, ये यूनिवर्स का रूल है।

"shoot your rocket of desire then forget it, just release and relax.

कई बार हमें शक होता है कि विश पूरी होगी या नहीं, कई सवाल मन में आते है, कई बार हम सोचते है हमने practical wish नहीं मांगी, मुंबई में घर लेना बहुत बड़ा टास्क है, शायद न हो, पर होता ये है कि कई बार कई wishes को थोड़ा वक़्त लगता है।

मुझे याद है मेरे माता पिता कि शादी के 50th वर्षगांठ पर हम बच्चों ने उनके लिए सरप्राइज पार्टी arrange की थी, सारे इंतज़ाम हो चुके थे, बस banquet हाल में गुलाब की पत्तियों का बिछाना बाकि था उनके चलने के लिए। हमने अपने माता पिता को banquet Hall के बाहर इंतज़ार करने को कहा और, कितना वक़्त लगेगा, तब देखा की पापा के पूछने में उत्सुकता थी और बैचेनी भी।

पर हमने उन्हें राइट टाइम पर अंदर बुलाया और परफेक्ट टाइम पर रौशनी से भरे डेकोरेटेड हाल की लाइट्स जलाई और उन्हें सरप्राइज किया। अपने माता पिता के चेहरे पर ख़ुशी को हम देख पा रहे थे।

बस इस तरह अपनी विश बता कर हम कभी सवाल करते है, कैसे होगा, कब होगा, या बैचैन होते है, पर ब्रह्माण्ड तो सही वक़्त पर सही तरीके से ही आपकी wish पूरी करेगा और सरप्राइज करेगा, तो मेरा कहने का ये मतलब है, Release, relax and wait for the Surprise.

दोस्तों मैंने तो अपनी बहुत सारी wishes जो थोड़ी असंभव भी थी और logically possible भी नहीं थी, पर सारे सपने यूनिवर्स को बताकर छोड़ दिया बल्कि मांगने और याद दिलाने की बजाय मैंने visualisation में वह महसूस करना शुरू कर दिया कि जब वह मेरी विश पूरी होगी तो मुझे कैसा महसूस होगा, बस मस्तिष्क में एक अलग ही स्फूर्ति और दिल में विश्वास हो जाता था और कई बार तो बड़े से बड़े सपने मेरे कुछ ही महीनो में पूरे हुए।

कभी आप सबसे रूबरू मिलना हुआ किसी इवेंट या workshop में तो आपको वह सारी diaries और विज़न board दिखाउंगी जिनपर डेट के साथ मेरी Wishes 555 टाइम्स मैंने लिखे और वह कुछ ही महीनो के अंतराल से पूरी हुई, अब आपकी बारी है, wish बताइये और भूल जाइये।

चलिए आपकी जिज्ञासा दूर करते है अगले चैप्टर में की 555 Times क्या है????

H. Reading, Writing and Listening/पढ़ना, लिखना और सुनना

मेरा आपसे सवाल है कि क्या आपने पढाई लिखाई की है, सामान्य हम सब स्कूल और कॉलेज गए है, पर आज हम में से कितने ऐसे है जो वही विषय से सम्बंधित काम कर रहे जिसे उन्हें स्कूल में पढ़ा था?

जी हाँ ये बहुत बड़ा सवाल है मेरे लिए की ज़िन्दगी के 12 से 15 साल हम स्कूल में और कॉलेज में शिक्षा प्राप्त करते है, पर किसी भी स्कूल ने गारंटी नहीं दी की आपकी सफलता तय है।

बल्कि ज़िन्दगी में विपरीत परिस्थितों में कैसे संयम रखना है और ज़िन्दगी में कभी कुछ अप्रिय घटित हो जाए तब उस परिस्थती से कैसे निकलना है, कैसे ज़िन्दगी में कठिन समय को संयम और सब्र से जीतना है, ये शायद किसी भी उच्च शिक्षा के syllabus में नहीं आता।

मैंने कई पढ़े लिखे लोगों को ज़िन्दगी में असफल देखा है, कई बार परिस्थती की वजह से उच्च शिक्षा और डिग्री लेने के वाबजूद वह ज़िन्दगी में अपने मन पसंद मुकाम तक नहीं पहुँच पाए। पर वहीं कई सफल व्यक्ति हमारे सामज में बहुत ही सफल और सम्मानित जिनके पास न तो कोई स्कूल की मार्कशीट है और न ही किसी कॉलेज की डिग्री।

"किसी डिग्री का ना होना कई बार फायेदेमंद साबित होता है, अगर आप इंजिनियर या डाक्टर हैं तब आप एक ही काम कर सकते हैं। पर यदि आपके पास कोई डिग्री नहीं है, तो आप कुछ भी कर सकते हैं।"

मेरा कहने का मतलब है, ऐसी क्या वजह है कई बार डिग्री होल्डर्स अपने जीवन में असफल है और कई बार निरक्षर व्यक्ति भी जीवन में बहुत धनवान और सफल व्यक्ति होते है।

क्या फर्क है इन दोनों वर्ग में, फर्क है मनपसंद काम में अपनी रूचि लेकर और उसी विषय पर अपना ज्ञान बढ़ाने का और बड़े सपने और बड़ी सोच का।

बहुत ही सम्मानित और सफल बिजनेसमैन बिल गेट्स को कौन नहीं जानता, विश्व के धनी व्यक्तियों की लिस्ट में उनका नाम काफी ऊपर है, जबकि वे अपनी कॉलेज की शिक्षा पूरी नहीं कर पाए, और कोई डिग्री नहीं है उनके पास, लेकिन उन्होंने पढाई बहुत की है, पर उस क्षेत्र में जिसका उन्हें शौक था। जिस विषय में उनकी रूचि थी उसी विषय को पढ़ा और बहुत ज्ञान लिया और वही किया जो उन्हें पसंद था और सबसे बड़ा राज उनकी बड़ी सोच थी।

"बड़ी सोच आपको बड़ा कर ही देती है, आप सोच कर तो देखें।"

क्या हुआ जो आप सही समय पर स्कूल से शिक्षा नहीं ले पाए पर ज्ञान लेने की, कुछ सीखने की तो कोई उम्र नहीं है, आप स्कूल नहीं जा पाए तो क्या हुआ आप उन सफल व्यक्ति से, उनके अनुभव से ज्ञान लेकर कुछ सीख तो सकते है।

दोस्तों स्कूल में आपने शिक्षा कितनी ली है, और उस शिक्षा से आपने जीवन में कितना हासिल किया है??

हमने देखा है उम्र के एक पड़ाव के बाद हमारे स्कूल के मार्क्स का कोई महत्त्व नहीं रहा, पर ज्ञान का होना और ज्ञान लेना बहुत महत्त्व रखता है।

मैं ज़िन्दगी में डॉक्टर बनना चाहती थी, पर एंट्रेंस एक्साम्स नहीं क्लियर कर पायी, उसके बाद कॉमर्स लिया, पर कोर्स किया फैशन डिजाइनिंग का, फिर अपना बिज़नेस शुरू किया, वहाँ भी ज़्यादा कुछ नहीं कर पायी, उसके बाद, अपने शहर इंदौर से मुंबई आ गयी ये सोचकर कुछ बड़ा करना है, मुंबई आकर एक जानी मानी कोटक महिंद्रा बैंक में जॉब किया पर वहाँ भी अपनी निजी परिस्थितियों की वजह से ज्याद समय तक काम नहीं कर सकी, फैशन डिजाइनिंग की जानकारी होने की वजह से किसी ने असिस्टेंट डायरेक्टर की पोस्ट पर costume continuity सँभालने का मौका दिया, मैंने सोचा कुछ नया है और कोई भी बेसिक जानकारी न होते हुए भी ज्वाइन कर लिया,पर साथ ही साथ कई ऐसे कोर्सेज ज्वाइन किये अपने काम के साथ साथ जो मुझे मेरे काम की जानकारी और ज्ञान देते थे और सीखते सीखते आज मुझे 15 साल हो चुके है, मैं इस वक़्त काफी बड़ी और जानी मानी कंपनी में क्रिएटिव कंसलटेंट के पद पर कार्यरत हूँ।

ये सब बताने का एक ही तात्पर्य है, और मेरी सफलता का राज की मैंने न तो कभी ये कहा कि ये मेरा काम नहीं है और न ही ये कभी सोचा कि मैं नहीं कर सकती क्यों की मैंने इसकी पढाई नहीं की है, बल्कि बड़े सपने, बड़ी सोच और नया कुछ करने की जिज्ञासा हमेशा से थी और यही वजह है कि मैं कभी हारी भी नहीं और नया सीखने की जिज्ञासा और लगन ने मुझे कहीं भी रुकने नहीं दिया।

मैंने कई डिग्री होल्डर्स को ज़िन्दगी में ग़लत राह पर जाते देखा है और कई बार किसी निरक्षर इंसान को महात्मा बनते देखा है और इतना बड़ा फर्क जो है वह ज्ञान का है, शिक्षा का है, वह शिक्षा जो आपको ज़िन्दगी सीखाती है, और आप इतने धनवान और सफल हो जाते है कि डिग्री बहुत पीछे छूट जाती है और साथ देता है तो आपका ज्ञान।

जी हाँ दोस्तों ज्ञान लेने की न तो कोई उम्र होती है और ना ही कोई लिमिट, सफल व्यक्ति अगर आप नहीं है, पर ये जानने में कोई हर्ज़ नहीं की सफल व्यक्ति कैसे बन सकते है और ज्ञान किसी से भी लिया जा सकता है, क्यूंकि संघर्ष से कैसे लड़ा जाए, हिम्मत न हारी जाए और मन का आत्मविश्वास ये मुझे किसी भी स्कूल और कॉलेज में नहीं दिया गया बल्कि मेरी माँ ने मुझमे कूट-कूट कर भरा था, उन्ही की दी हुई परवरिश है कि मैं मुंबई में अकेले होने के बावजूद अपनी बच्ची को अच्छी शिक्षा सही रास्ता और सही परवरिश दे पा रही हूँ, जो मुझे किसी स्कूल के टीचर्स नहीं सिखा पाए वह मुझे मेरी पांचवी पास माँ ने सीखा दिया।

मेरा कहने का मतलब है, पिछले पद्रह महीनो मैं मैंने बहुत पढ़ा, सुना और लिखा और ये पढाई लिखाई और सफल लोगों के lectures ने मेरी ज़िन्दगी बदल दी।

सफल होने का बहुत ही सरल फार्मूला है और मेरा अगला स्टेप था जो मुझे रेवती ने दिया, पढ़ने लिखें की तो आदत कब से छूट गयी थी पर जब एक बार किताब और पेन को हाथ में लिया तो इस बार मैं अपनी सफलता कि कहानी लिख रही थी, सफल व्यक्तियों के lectures सुन रही थी और कॉलेज की किताबों की जगह सफल व्यक्तियों की ऑटोबायोग्राफी और टीचिंग्स और सफल और खुश होने के गुर पढ़ रही थी।

दोस्तों इन पंद्रह महीनो में जो मेरी ज़िंदगी में खुशियाँ आयी, सफलता आयी, और मैंने जो चाहा वह पाया वह मेरी पढ़ने लिखने और सुन ने से ही आया। अब मेरा एक भी दिन ऐसा नहीं जाता जब मैंने अपने सपनो को डायरी

में न लिखा न हो, कुछ अच्छे सफल धनवान व्यक्तियों को पढ़ा न हो और सफल व्यक्ति को सुना न हो।

लेकिन ये जानना जरुरी है, क्या लिखना है, किसे पढ़ना है और किसे सुनना है। बहुत आसान जवाब है, अपने goal लिखे, अपने आदर्श और जो आपकी प्रेरणा है उन्हें पढ़े और सफल व्यक्तियों को सुने।

क्या पढ़े क्या लिखे और क्या सुने

आपके गोल्स, आपके सपने, आप कैसी ज़िन्दगी चाहते है, अपने शार्ट टर्म गोल्स, लॉन्ग टर्म गोल्स और इमीडियेट गोल्स इन्हे रोज़ डायरी में लिखे Affirmations के रूप में, कई मोटिवेशनल स्पीकर्स के सेमिनार्स आपको You tube पर मिलेंगे उन्हें रोज़ सुने और हर सफल व्यक्ति के जीवन की कहानी उनके ऑटोबायोग्राफी के रूप में मिलेगी वह पढ़े।

ये मेरे ४० से ४० करोड़ तक के सफ़र का एक अहम् हिस्सा है, क्या आप नहीं चाहेंगे जिस तरह मुझे अपना उद्देश्य मिला, आपको भी अपनी ज़िन्दगी का उद्देश्य मिले और उसे आप अपना goal बनाकर रोज़ लिखे, उसे पढ़े उस को बार-बार दुहराकर एक सकारात्मक ऊर्जा और सोच बनाये, और खुद को मोटीवेट करें अपने सपने पूरे करने के लिए और सफलता सुख पैसा सब आपकी ज़िन्दगी का एक हिस्सा बन जाए।

जिम केरी जो हॉलीवुड में जाने मैंने एक्टर है उन्होंने बताया जब वह एक्टर बनने के लिए संघर्ष कर रहे थे तो खुद को मोटीवेट करने के लिए उन्होंने अपने नाम एक 10 मिलियन डॉलर का चेक बनाया और उसे वह अपनी पॉकेट में रखते, उन्होंने ये Affirmation लिखा था कि उन्हें ये चेक उनकी एक्टिंग सर्विसेज के लिए मिला है, वह हर रोज़ उस चेक को अपनी पॉकेट में रखते और हमेशा देखा करते थे और अपने आपको मोटीवेट करते, वह यूनिवर्स को डिक्लेअर करते, कि एक दिन उन्हें अपनी एक्टिंग के लिए 10 मिलियन डॉलर मिलेगा, यकीन नहीं होगा पर ये सच है, एक दिन उन्हें 10 मिलियन डॉलर्स का चेक मिला उनकी एक्टिंग सर्विस कि लिए।

आज वह Hollywood के टॉप स्टार् है और वह भी अपनी सफलता का श्रेय अपने काल्पनिक शक्ति यानी की visualisationऔर खुद पर विश्वास को देते है यही है सीक्रेट, पढ़ना लिखना और ऐसे सफल व्यक्तियों को सुनकर मोटीवेट करना क्यूंकि वह भी हम जैसे थे अगर वह सफल हो सकते है तो हम क्यों नही।

मैं क्या लिखा, क्या पढ़ा और क्या सुना।

555 Times Technique

जहाँ चाह वहाँ राह बस ऐसे ही जब मैंने भी ठान लिया और बड़ी सोच रखी, अचानक एक दिन Youtube पर एक वीडियो Pop up हुआ, वह वीडियो था Karen Yee कि चैनल "Choosing Gratitude" का, जिसमें उन्होंने बताया कि उन्हें एक बार पैसों की सख्त ज़रूरत थी और उन्होंने 555 तकनीक का इस्तेमाल किया और उस पैसों की रकम को एक सही वाक्य बनाकर 55 टाइम्स और ५ दिन तक एक कॉपी में लिखा और उसे कहते है, 555 तकनीक।

पर जब उनके पास ५ दिन मैं भी पैसा नहीं आया उन्होंने फिर इसे 5 दिन और दोहराया कॉपी में लिखकर और जब वह उसे कॉपी में लिखती तो साथ-साथ में ज़ोर से बोलती जाती, यानी की एक रट लगा दी थी, फिर क्या था दोस्तों लॉ ऑफ़ अट्रैक्शन ने अपना काम किया, आप जिस भी बात को बार-बार सोचोगे, बोलोगे और उसे कॉपी में लिखकर उसे अपनी सहमती दे दी, तो यूनिवर्स कि नियमानुसार उन्हें वह मिल गया और बहुत ही सरप्राइज तरीके से उनके एक वीडियो कि व्यूज बढे और उनके पास उतने ही पैसों का एक चेक आ गया।

दोस्तों ये सुनकर एक एनर्जी आई और करने में क्या हर्ज़ है सोचकर मैंने भी अपनी एक विश को कॉपी में लिखना शुरू किया,यकीन मानिये 5 दिन पूरे भी नहीं हुए थे की मेरी विश पूरी हो गयी, तब लगा और समझ आया।

इसका एक वैज्ञानिक कारण भी है।

हम सबने बचपन में कई बार रट लगा-लगा कर अपने पढ़ाई की तैयारी की है, कई बार हमें लिख-लिख कर याद करने की आदत होती है, पर वैज्ञानिक तौर पर लिखने से हमारे दिमाग के दोनों हिस्से लेफ्ट और राइट ब्रेन एक्टिव हो जाते है, और आप जो लिख रहे है उसे आपकी मर्ज़ी मानकर subconscious Mind को कमांड मिलता है कि ऐसा ही करना है, और हमारा subconscious mind वह स्थति हमारे जीवन में बना देता है।

दोस्तों फिर तो आदत-सी लग गयी, अब जो चाहिए होता है बस कॉपी में 5 दिन 55 times लिख कर भूल जाती हूँ और वह सब लिखा हुआ मेरे भाग्य में आ जाता है 555 technique से ।

बहुत ही आसान है ये, अपने लिए घर ढूंढ़ना हो या कोई विदेश यात्रा का प्लान, या फिर किसी विदेश का Visa, सब कुछ मैंने अपनी कॉपी में लिखा और पा लिया और इतना आसानी से की ज़िन्दगी इतनी आसान है सोचा भी नहीं था,

फिर लगा काश मेरे स्कूल ने एक सब्जेक्ट Power of Subconsious mind का भी होता तो वह सब ना करती जो मैंने जाने अनजाने में नासमझी की वजह से attract किया । खैर जब जागो तब सवेरा। लिखने के तरीके और भी है।

To do list

कई काम जब हम किस्मत पर छोड़ देते है बिना ये जाने की किस्मत को आपका involvement भी चहिये, रेवती ने मुझसे ये वादा लिया था कि मैं अब्राहिम हिक्स कि वीडियो रोज़ सुनूंगी और मैंने वह करना शुरू भी किया, और वही होता है जब आप सफल व्यक्तियों के अनुभव और सुझाव सुनते है तो आप भी सफलता की और बढ़ते है, उनकी एक वीडियो में मैंने सुना और जाना कि यूनिवर्स को आप अपने साथ शामिल करो किसी भी काम कि लिए, किस्मत पर छोड़ने कि बजाये किस्मत लिखो पर यूनिवर्स कि साथ मिलकर, उसका एक तरीका है TO DO LIST तैयार करना और अपना काम बाँट लेना जो आपके बस का है वह आप करो और बाकी यूनिवर्स को commmand दे दो, क्यूंकि वही तो हमारा मैजिकल जिन्नि है जो आपके लिखने पर कह देगा,

"YOUR WISH IS MY COMMAND"

मैंने भी वही किया, कैसे आपको समझाती हूँ, जैसे की आप चाहते है अच्छी जॉब, अच्छा घर और नयी कार, कंपनी में प्रमोशन और एक विदेश यात्रा।

अब आपको एक पेज पर जैसे स्कूल में columns बनाया करते थे वैसे ही कॉपी के पेज को दो हिस्सों में बाँटना है,

एक हिस्से में लिखना है

जो आप करेंगे और दूसरे हिस्से में लिखना है जो यूनिवर्स करेगा

अगर आपको जॉब चाहिये जॉब के लिए आप का काम होगा नौकरी के लिए apply करना ये आप अपने काम की जगह लिखेंगे और अच्छी जगह काम मिले ये आप यूनिवर्स के लिए लिख देंगे।

अगर आप को घर चाहिए, घर के लिए आप लिखेंगे की आप घर ढूंढ़ने का काम करेंगे एजेंट्स के साथ या डिज़ाइन करेंगे, यूनिवर्स को कहेंगे घर के लिए पैसों का इंतेजाम और सही घर आपकी नजर में आये।

प्रमोशन कि लिए आप लिखेंगे की आप अपने बॉस से बात करेंगे एक सही समय देखकर और यूनिवर्स आपके boss को आपकी काबिलियत का प्रमाण

देगा आपके प्रमोशन सहयोग में और बॉस को एहसास कराएगा aapka इस कंपनी में महत्त्व।

बस इसी तरह दोस्तों मैंने भी पिछले पंद्रह महीनो में विदेश यात्रा, अच्छा घर, अपनी सेहत, बच्ची का New York Academy में एडमिशन और भी पता नहीं क्या-क्या करवाया, और इतना सुकून और बेफिक्र हो गयी ज़िंदगी जब यूनिवर्स को साथ लिया ।

मैंने क्या पढ़ा

सबसे पहले मैंने लॉ ऑफ़ यूनिवर्स और लॉ ऑफ़ अट्रैक्शन क्यों काम करता है इसका scientific कारण जानने कि लिए कई किताबें पढ़ी क्योंकि मैं समझना चाहती थी इस जादू को।

सबसे पहले मैंने क्या पढ़ा

Joseph murphy को उनकी निम्न किताबों से:-

1. Power OF Subconscious Mind।
2. Telepsychics, Tapping your Hidden subconscious Power.
3. Miracles of Your Mind
4. How to Attract Money.

Abrahim Hicks

1. Ask it is given, Learn to menifest your deisre ।

Tony Robbins

1. Money Master The Game.7 simple steps to Financial Freedom।

Doctor Wayne W. Dyer

1. The Power of Intention
2. Menifest your Destiny. the nine spiritual principes for getting Everything you want.

Eckhart Tolle ko

1. The Power of Now, A guide to spiritual Enlightnment.

Norman Vincent Peale:-

1. Power of Positive thinking

Jen Sincero:-

1. You are a BADASS of Making Money, Master the Mindset of Wealth I
2. You are a BADASS... how to stop guiding your greatness and Start living an Awesome LIfe.

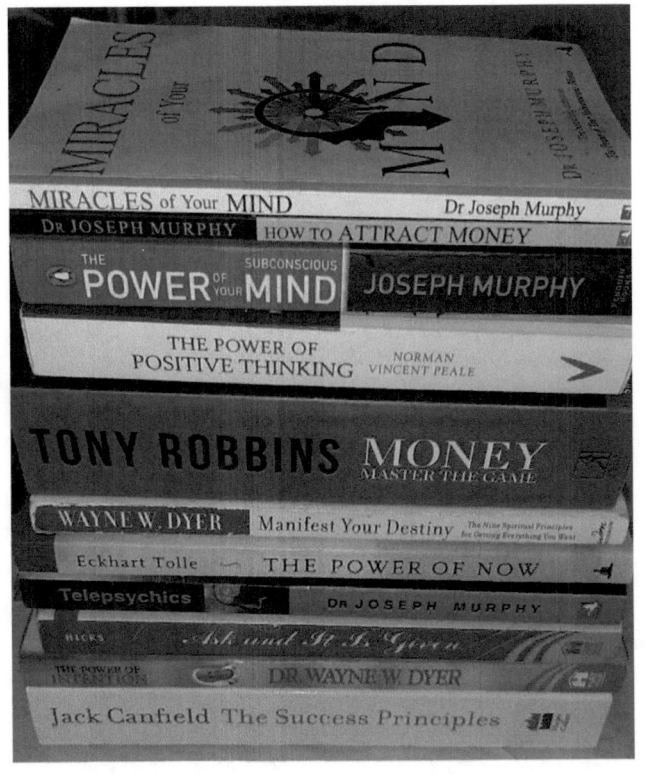

मैंने तो पढाई लिखाई की और ४० से ४० करोड़ तक के सफ़र पर चल रही हूँ, और मंज़िल बहुत पास है, आप भी कर के देखिये, आपको निराशा हाथ नहीं लगेगी ये वादा है आपसे।

कहते है न

"जब आप अपना भाग्य नहीं लिखते तो परिस्तिथियाँ आपका भाग्य लिख देती हैं"

तो देर किस बात की - लिख दीजिये अपना भाग्य अपने हाथ।

तो थामिए कलम और लिख दीजिये वह कहानी जिसमे आप अपने आप को जैसा देखना चाहते है, जैसा जीवन आप चाहते है, इस ब्रह्माण्ड में बहुत कुछ, सब कुछ है, और सबके लिए है ।

6. Sleep is a Bliss/नींद और उसका महत्त्व

अपना भाग्य अपने हाथ लिख चुके है आप, फिर बेफिक्र हो जाइये और सो जाइए।

जी हाँ दोस्तों, सदियों से एक कहावत चली आ रही है,

"जो सोवत है वह खोवत है जो जागत है वह पावत है",

पर इसका सम्बन्ध हमारे शारीरिक नींद से नहीं बल्कि इसका मतलब अज्ञानता से है, की अगर आप ज़िन्दगी में जागे नहीं सोते रह गए तो बहुत कुछ खो देंगे । यहाँ नींद का मतलब अज्ञानता से और आलस से है।

बात भी सही है, क्यूंकि शारीरक नींद से या सोने से सिर्फ़ फायदे होते है नुकसान नहीं। इसलिए जितना सोना है सोइए और अपने सपने सोते हुए पूरे कीजिये।

मैं कुछ ग़लत नहीं कह रही सिर्फ़ अलग कह रही हूँ, जो दुनिया नहीं कहती, पर मैं ये बात अपने निजी अनुभव से कह रही हूँ, नींद ने मुझे ज्ञान दिया, नींद ने मुझे मेरे सपने दिए, नींद ने ही उन्हें पूरा भी किया और समय-समय पर बार-बार अच्छी नींद लेने से मेरे सपने पूरे हुए।

क्यूंकि सोना तो शरीर और मस्तिष्क को विश्राम देने की एक प्रक्रिया है और हर व्यक्ति के लिए इसका समय अलग-अलग होता है, कई बार किसी के लिए चार घंटे के नींद पर्याप्त होती है तो कई बार किसी को दस घंटे भी कम लगते है।

कई बार तो सोने और पर्याप्त नींद न लेने की वजह से हम बहुत कुछ खो सकते है, मसलन अगर ड्राइवर अपनी पर्याप्त नींद न ले तो उसका दिमाग शिथिल हो जाता है मस्तिष्क अलर्ट नहीं रहता और एक्सीडेंट के चान्सेस बढ़ जाते है।

वैसे ही किसी फैक्ट्री में मैकेनिकल काम करने वाला व्यक्ति कई बार प्रयाप्त नींद न होने की वजह से किसी दुर्घट्ना का शिकार हो सकता है,

तो बचपन में ज़्यादा सोने की या बेवक्त सोने की वजह से हम सबने माता पिता से ये सुना है, की ज़्यादा सोने से ज़िन्दगी भर सोते रह जाओगे, इसिलए कई बार ज़्यादा सोने वालों को तानो का शिकार होना पड़ता है, देर से सोकर उठने पर आपकी काबिलियत पर बड़े-बड़े सवाल पैदा हो जाते है, पर सच तो ये है, जिस वक़्त नींद आये हमें उस वक़्त सोना चाहिए और जितना सोना है उतना सोना चाहिए। बस सोने से पहले अपने अवचेतन मन को टास्क दे-दे अथवा काम पर लगा दे जिस से सफलता पाने में आप पीछे न रह जाए।

पर्याप्त नींद से शरीर को बहुत फायदे है:-

- पाचन तंत्र सुचारू रहता है।
- शरीर का वजन संतुलित रहता है।
- तन और मन खुशमिजाज रहते हैं।
- एकाग्रता बढ़ती है।
- मन चिंतामुक्त रहता है।
- सिर दर्द और अन्य अंगों के दर्द से राहत मिलती है।
- रोग प्रतिरोधक क्षमता बढ़ती है।
- शरीर का वजन संतुलित रहता है और आप तरोताजा महसूस करते है।

ये सब तो ठीक कहा पर आपकी जिज्ञासा कि सोने से सपने पूरे कैसे होते है? होते है बस एक तकनीक है जो समझाना होगी।

मैं आपके उन सपनो की बातें कर रही हूँ जिन्हे आप जाग्रत अवस्था में देखेंगे, उन्ही सपनो को अपनी डायरी में लिखेंगे और सोने से वह पूरे होंगे। ये मेरा अनुभव है।

लोग कहते है, <u>सोने से सपने आते है, मैं कहती हूँ सोने से सपने पूरे होते है</u>, कैसे?

जी हाँ दोस्तों, पिछले पंद्रह महीनो में क्या सही है क्या गलत, कौन मेरे सोने पर मुझे जज करेगा, ये सब के बारे में सोचना छोड़ मैंने अच्छी नींद से अपने सपने पूरे किये, क्यूंकि चेतन मन को चकमा देकर अवचेतन मन से काम करने के लिए शरीर का सोना ज़रूरी है।

रेवती के मार्गदर्शन में मैंने जाना कि अगर मेरे पास कोई ज़रूरी काम नहीं है, तो सो जाओ, और अपने सपने पूरे करो।

सोना क्यों ज़रूरी है, इसका बहुत ही आसान शब्दों में आपको बताती हूँ, हमारे शरीर में एक चेतन मन होता है यानी की conscious mind और दूसरा होता है अवचेतन मन, subconscious mind, और इनके अपने-अपने काम है।

चेतन मन हमें reality दिखाता है, चेतन मन तर्क वितर्क करता है और सच्चाई से अवगत करा कर उस काम को अपने लॉजिक से हाँ या ना करता है, और फिर वही कमांड हमारे अवचेतन मन को देता है कि क्या संभव है क्या नहीं, और अवचेतन मन चेतन मन की बात मान कर उसे संभव या असंभव करता है।

परन्तु अगर हम चेतन मन को कन्विंस कर दे या भरोसा दिला दे की ये संभव है, तब चेतन मन वही चान्सेस अवचेतन मन को बताकर ये संभव है का कमांड देता है, और अवचेतन मन चेतन मन की बातें सुन उसी प्रकार काम करता है।

ये joseph Murphy की बुक, "Power of Subconscious Mind" में बहुत ही अच्छी तरीके और विस्तार पूर्वक बताया गया है।

इसे एक उदहारण से समझते है, मुझे एक घर चाहिए मुंबई में और ये मेरा सपना है तो मेरा चेतन मन सीधे मुझे मेरी रियलिटी और लॉजिक्स बताएगा मुंबई शहर में घर लेने का मतलब कम से कम एक करोड़ चाहिए, और बैंक लोन दे भी देगी तब भी मुझे कम से कम १५ से २० लाख का down payment देना होगा। जो मेरे पास नहीं है और फिर चेतन मन इसे डिक्लेअर कर देता है, की ये संभव नहीं है, और हमारे अवचेतन मन को बताता है संभव नहीं है तब ये कभी संभव नहीं होता।

पर यदि हम इस चेतन मन के लॉजिक्स को क्लियर करें की एक बैंक है जो 100 percent लोन देती है, और घर की किश्त मैं अपनी सैलरी से आसानी से भर सकती हूँ, तब चेतन मन अवचेतन मन को ये संभव है का कमांड देता है, और फिर अवचेतन मन चेतन मन के कमांड को स्वीकार कर उसे पूरा करने में लग जाता है। और आप जब बार-बार ये रट लगा देते है, की घर खरीदना है, घर के बारे में बात करते है, उसकी कल्पना करते है तो यूनिवर्स में उसका सर्जन शुरू हो जाता है और सही वक़्त पर सही तरीके से सब संभव करता है ये यूनिवर्स।

इसीलिए हमारे सपने पूरे करने के लिए सोना ज़रूरी है, क्योंकि जब आप नींद में होते है, तो हमारा conscious mind याने चेतन मन भी सो जाता है, पर हमारा अवचेतन मन subconscious Mind 24 घंटे काम करता है,

इसीलिए जब आप कोई भी बड़ा सपना देखे, पहले चेतन मन को सुला दे, और अवचेतन मन को ये कमांड दीजिये की आपको बड़ा घर चाइये, अवचेतन मन लॉजिक्स और रियलिटी पर काम नहीं करता और चेतन मन सो चूका है जो वह रियलिटी अवचेतन मन को नहीं बता सकता बस यही वक़्त है जब आप कुछ भी काम करा सकते है अवचेतन मन को इंस्ट्रक्शन देकर।

इसके लिए आप सबसे पहले सोने से पहले visualisation और Meditaion से अपना घर देखने की कोशिश करें, सोने से पहले आप जब Visualisation या काल्पनिक सोच से ये संदेश मस्तिष्क को देंगे तब ये सारे संदेश अवचेतन मन यानी subconscious mind में छप जाते है, और सोने से पहले अगर आप किसी लोरी की तरह ये बोलते रहे की आपके पास एक नया घर है, और बोलते-बोलते जब सो जाते है, तब एहि सन्देश अवचेतन मन में जाता है और वह बिना लॉजिक्स और रियलिटी को जाने बगैर लॉ ऑफ़ अट्रैक्शन से आपको नया घर दिला देता है या फिर बहुत सारे सुझाव आपको नींद के दौरान मिलते है और आप अपना सपना यूनिवर्स से नींद के दौरान कम्यूनिकेट करके पूरा कर सकते है।

दोस्तों ये बहुत ही वैज्ञानकि तरीका है और इसी तरीके को सफल और धनवान व्यक्तियों ने इस्तेमाल किया है।

मैंने अपनी पहली विदेश यात्रा, एक नया घर, बच्ची का Newyork film Academy में एडमिशन जैसे कई बड़े-बड़े सपने चेतन मन को सुलाकर याने जब कोई सपना मेरे दिमाग में आता में, मैं निद्रा में जाकर चेतन मन को सुलाकर अपने अवचेतन मन से ये सारे काम करवा लेती हूँ। बहुत ही आसान है। ज़िन्दगी भी और सपने पूरा करना भी। सिर्फ़ एक अच्छी नींद की ज़रूरत है।

चेतन मन को सुलाकर अपने अवचेतन मन को विश्वास दिलाये की आप बहुत धनवान है, आप बहुत सफल है, आप बहुत सेहतमंद है, ऐसे कई Affirmation के videos आपको youtube पर मिल जाएंगे जिसे आप सोते समय प्ले कर दे और सो जाए, जैसे ही आपके साथ चेतन मन भी सो जाएगा पर आपका अवचेतन मन उन affirmations से वही स्थति आपके जीवन में ला देगा, लॉ ऑफ़ अट्रैक्शन से क्योंकि ब्रह्माण्ड में किसी भी चीज़ की कोई कमी नहीं और वहाँ सब असीमित है, सिर्फ आपके अवचेतन मन को ये संदेश देते जाइये।

सोने से पहले इन्हीं affirmations को आप सुने, चाहे तो अपनी ही आवाज़ में मैं धनवान हूँ, मैं सेहत मंद हूँ, मैं खुश हूँ, मैं एक सफल व्यक्ति हूँ, मेरे

पास एक प्यारा परिवार है जैसे कई वाक्यों को आप रिकॉर्ड कर सकते है और उन्हें सोते समय प्ले कर दीजिये। कितना आसान है न?

इसलिए नींद का मेरे जीवन में बहुत महत्व है, मेरे ज़्यादा सोने पर जब कोई मुझे जज करता है तो मैं सिर्फ़ मुस्कुरा देती हूँ। मेरे कई सपने मैंने नींद में साकार किये है, तो पुरानी कहावत भूल जाइये जो सोवत है वह खोवत है, बल्कि नींद में सपने देखना नहीं है बल्कि पूरा करना है।

दोस्तों सब उतना ही आसान है जितना आसान मैं आपको बता रही हूँ पर हमारे मस्तिष्क में जो ये बात बचपन से बिठा दी गयी है की कठिन परिश्रम से ही सब मिलता है अब हमारा चेतन मन ये मानने को तैयार नहीं होता की सब कुछ आसान है और आज भी हम सिर्फ परिश्रम करते रह जाते है पर कुछ अलग या आसान करने की कोशिश ही नहीं करते, पर मेरी बात मानिये कुछ अलग करके ही हर व्यक्ति सफल हुआ है आप भी ये अलग तरीका अपनाकर देखिये, निराशा हाथ नहीं आएगी, अगर ये सफल तरीके मैंने आजमाए न होते तो शक की गुंजाईश थी पर मैंने स्वयं यही करके मेरी ज़िंदगी आसान बनाई है, बस अपने आप को रोक नहीं सकी ये किताब लिखकर सबके साथ ये आसान उपाय शेयर करने से।

॥

7. Day Dreaming/दिवा स्वप्न देखना

"नींद में सपने पूरे कीजिये और दिन में सपने देखिये"

जी हाँ इसमें कोई प्रिंटिंग मिस्टेक नहीं है, सही पढ़ा आपने॥ ये मेरा कथन है, और इसमें मुझे किसी तर्क और वितर्क में नहीं पड़ना, क्यूंकि यहाँ मैं अपने अनुभव से, दिनचर्या से और आदतों के बदलाव से और दिन में सपने देखने जो मुझे हासिल हुआ, वही बता रही हूँ।

जब सपने बड़े हो दिन भी उसके लिए हमें पूरा चाहिए, उन सपनो को देखने के लिए, उनके बारे में सोचने के लिए, उन्हें अपनी डायरी में लिखने के लिए और उनके बारे में सपने देखने के लिए, और नींद में subconscious mind को एक्टिव करके उन्हें पूरा करने के लिए, यही method है जो हमें अपनाना है।

जब हम कुछ अलग करने जाते है, तो रास्ते भी थोड़े अलग होते है।

क्यूंकि सामान्य लोग, अक्सर वह लोग जो मेहनत और कड़े परिश्रम से आगे बढे है वह आपको कड़ा परिश्रम करना सिखाएँगे और मेरे जैसे कई लोग जो सपने देखकर सफल हुए है वे आपको अपने जीवन के रहस्य बाटेंगे और सिखाएंगे।

अपनी अपनी जगह ग़लत कोई नहीं है, पर अगर आसान रास्ते से यानी नींद में आपके सारे सपने वास्तविकता ले सकते है आराम करना, खुश रहना अगर सफलता का राज है तो कड़ा परिश्रम क्यों?

कुछ लोग कहते है"

सपने कोई जादू के माध्यम से वास्तविकता नहीं बन जाते, ये पसीने, दृढ संकल्प और कठोर परिश्रम से बनते है"

पर मेरा अनुभव है, कि दिन में देखे गए सपने रात में नींद लेनी से ही पूरे होते है।

मुझे इसमें किसी भी महान व्यक्ति या सफल और धनवान व्यक्ति को प्रमाण नहीं देना है, मेरे पास सफल होने के मेरे अपने अनुभव है, और इस

प्रक्रिया से मुझे सब कुछ मिल सकता है तो आप भी परेशान न हो इसीलिए इस बुक के माध्यम से अपने ही कुछ सरल और सफल राज बता रही हूँ।

एक छोटा-सा सीक्रेट है, Chill. आराम करिये खुश रहिये, धन और सफलता आपके साथ रहेगी क्योंकि शायद रोकर तो आप देख ही चुके है, कठिन परिश्रम भी हम सब ने किया है और कर रहे है, पर वह सफलता हमारे हाथ तो नहीं आयी तो फिर जब कड़ा परिश्रम और मेहनत का फार्मूला काम नहीं किया तो, फार्मूला चेंज कर लीजिये।

हमारा फार्मूला है दिन में सपने देखे, उन सपनो को दिन भर जिए, उन सपनो से बातें करें, उन सपनो के साथ दिनभर रहे, और नींद में सपने पूरे करे।

लाइफ में आराम फरमाइए, ज़िन्दगी इतनी आसान हो जायेगी की कभी सोचा भी नहीं होगा।

फार्मूला बदलने से ज़िन्दगी बदलती है, ४० दिन मेरे फॉर्मूले पर काम कीजिये, पुरानी सारी कहावतें झूठी लगेगी।

☯

8. Being Happy is an Art/खुश होना भी एक कला है

Visualisation और Meditation की आदत तो मैंने शुरू कर दी थी, पर जब रेवती ने मुझसे एक दिन पूछा कि तुम खुश हो, मैंने कहा हाँ, फिर उसका सवाल था कितनी खुश हो, मैंने पूछा ये कैसा सवाल है, खुश हूँ बस।

रेवती ने कहा क्या तुम दिन भर खुश रहती हो, मैंने रेवती से कहा पहेलियाँ मत बुझाओ बताओ अब करना क्या है?

मैं जानती थी फरवरी 2019 से जो रेवती ने मुझसे वादा किया था कि मेरा जीवन सफल और ज़िंदगी खुशहाल हो जायेगी, ये सवाल शायद उसी सफ़र का हिस्सा है।

रेवती ने अगला टास्क दिया कि तुम्हे पूरा दिन, २४ घंटे खुश रहना है, माथे पर शिकन नहीं आनी चाहिए और चेहरे की मुस्कुराहट नहीं जानी चाहिए।

ये कैसे संभव है, कोई २४ घंटे खुश कैसे रह सकता है, कैसे चेहरे पर हम २४ घंटे मुस्कुराहट रख सकते है, जब बैंक बैलेंस 100 रूपये का हो और हाथ में 1000 रूपये का बिजली का बिल, माथे पर शिकन कैसे नहीं आएगी।

जब आपकी आमदनी से ज़्यादा खर्चे हो तब बिना चिंता किये, बिना शिकन के कैसे रह सकते है, month end तक आप इंतज़ार शुरू कर देते है अगली सैलरी का, तब नकली मुस्कुराहट कैसे लाये चेहरे पर? मैंने सवालों की झड़ी लगा दी थी रेवती कि सामने जो वह कह रही थी वह काम आसान न था पर कोशिश से पहले ही मानव प्रकृति Excuse ढूंढ़ने लगती है कि काम कैसे टाला जाए।

पर रेवती सफलता का रास्ता दिखाने में मेरे बहाने सुनकर वक़्त ज़ाया नहीं करना चाहती थी रेवती ने मुझे एक टास्क दिया, की मैं अपनी जान पहचान में उन लोगों से यही सवाल करूँ जो फेसबुक पर बहुत अच्छे-अच्छे pictures and status पोस्ट करते है, जो कई बड़ी-बड़ी कम्पनीज में काम कर रहे है और जिनका बैंक बैलेंस लाखों का है और जिन्हे देखकर मुझे लगता है वह तो खुश ही होंगे और वह भी 24 hours।

वह मेरे सामने ही बैठी थी और मुझे कहा गया कि अभी कॉल करो और हर उस व्यक्ति को जो मुझे लगता है कि वह खुश होगा क्योंकि उसके पास, धन, परिवार हो और सुखी संपन्न लोगों की लिस्ट जिनका नाम है।

फिर क्या था, मैंने अपने कई दोस्तों को, परिवार के कई लोगों को और अपने ही प्रोफेशन में जो काफी सफल है उन्हें एक-एक करके फ़ोन लगाया और हेलो बोलने के बाद जब पूछा कि कैसे हो, ज़िन्दगी कैसी चल रही है, मैं हैरान थी और रेवती मेरे सामने बैठी मंद-मंद मुस्कुरा रही थी, शायद वह जानती थी की मुझे क्या जवाब मिलेंगे।

बहुत ही आश्चर्य की बात थी, मेरा हर दोस्त और मेरे प्रोफेशन में उच्च स्तर और लाखों में सैलरी पाने वाले लोग, जिनकी फेसबुक पर पोस्ट देखकर ऐसा लगता है बहुत खूबसूरत है उनकी ज़िन्दगी पर मैंने पाया कि मेरा सवाल पूछते ही जैसे मैंने उनकी किसी दुखती रग पर हाथ रख दिया हो।

उनकी समस्याओं का पूरा पिटारा खुल गया था, तब मुझे समझ आया, कोई जॉब न होने की वजह से परेशान था तो कोई जॉब में ज़्यादा वर्कलोड से परेशान है, किसी के पास किराये का घर है वह घर बनाने के लिए परेशान है तो जिनका घर है वह उस घर की मेंटेनेंस से परेशान है। एक भी दिन अगर उनकी हॉउस हेल्प नहीं आती तो इतने बड़े घर कि सफाई उनकी परेशानी का कारण है और उनका दिन का कीमती समय वह अपनी house help के ना आने से हुई परेशानी को कई लोगों को फ़ोन पर बताकर परेशान हो रहे है।

किसी को जीवन साथी कि तलाश है इसलिए परेशान है तो कोई अपने जीवन साथी से परेशान है, किसी के पास पैसा न होना परेशानी है तो कोई ज़्यादा पैसे को सम्भाल कर रखने के लिए परेशान है या और कमाने के लिए परेशान है।

कोई अपने दुबले पतले शरीर से परेशान तो कोई दुबले पतले शरीर को पाने के लिए परेशांन है, किसी के घर में बच्चा नहीं है पर जिनके घर में बच्चे है कभी-कभी वह उन्ही बच्चों को अपनी चिंता और परेशानी का कारण बताते है, कई शहरों में कपल्स चाहते है उनके माता पिता उनके घर आ कर उनके साथ रहे जिस से बच्चे बड़े करने में उनका अनुभव प्राप्त हो और थोड़ी मदद मिले पर कई घर में जहाँ माता पिता है, उनसे परेशान होकर उन्हें बृद्धाश्रम छोड़ा जा रहा है।

तो सवाल ये है कि संतुष्ट कौन है, कौन है जो ये कहे कि हम अपनी ज़िन्दगी में बहुत खुश और संतुष्ट है। कारन कुछ भी हो पर मैंने अपनी ज़िन्दगी में आमतौर पर लोगों को सब कुछ होते हुए भी परेशान देखा है।

तो फिर खुश कौन है, कैसे रह सकते है खुश?

तब रेवती ने समझाया, की खुश रहना एक आदत है, एक दिनचर्या है और आपकी जीवन-जीवन शैली और अगर मुझे ज़िन्दगी भर खुश रहना है और जीवन में सफलता चाहिए, तो यूनिवर्स के रूल के अनुसार मुझे आज से खुश रहना पड़ेगा, बिना किसी शर्त के, क्योंकि हम इंसान खुश होना जानते ही नहीं है, हर बार एक नया सपना या goal बनाते है और उस goal के पूरा होने के साथ अपनी खुशी जोड़ देते है, पर ये नहीं समझ पाते की जब वह मिल जायेगा तब तक ये मानव अपने मस्तिष्क में कोई दूसरा goal बना लेगा और फिर उसके पीछे भागते रहेगा और इस भाग दौड़ में, हाथ में जो पल है उन्हें एन्जॉय किये बगैर एक बिना मुस्कुराहट की ज़िन्दगी जीता रहेगा।

रेवती ने समझाया खुश होना भी अपने आप में एक कला है जो अक्सर लोगों के पास नहीं है, पर यूनिवर्स का तो एक ही रूल है आप खुश होंगे तो और खुशी के अवसर मिलेंगे पर आप ने रोना बंद नहीं किया तो खुश होने के अवसर तो नहीं मिलेंगे बल्कि जो है वह भी यूनिवर्स वापस लेने में वक़्त नहीं लगाता।

ये सब सुन ने और समझने के बाद रेवती समझ चुकी थी की मेरा अगला सवाल क्या है, क्योंकि मैं जानना चाहती थी की यूनिवर्स के रूल के मुताबिक ख़ुशी के अवसर पाने के लिए मैं आज ऐसा क्या करूँ की बैंक बैलेंस भूल कर खुश हो सकूँ।

इसका जवाब रेवती के पास था, उसने मुझे कहा कि 24 घंटे खुश होने के लिए मुझे कई ऐसे कारण ढूँढ़ने होंगे मेरी ही दिनचर्या से या अपनी ही कुछ ख़ास आदतों से की ये खुशमिज़ाज मूड मेरा 24 घंटे बना रहे।

रेवती ने मेरे दिन के नींद के दस घंटे कम कर दिए, अब मुझे सिर्फ़ 14 घंटे ही खुश रहना था।

मुझे मेरा ऑफिस का काम बहुत पसंद था और 8 घण्टे मैं ऑफिस का काम किया करती थी, तो वह भी उतना कठिन नहीं था क्योंकि ऑफिस का काम मुझे अपने आप ही एक संतोषजनक ख़ुशी प्रदान करता था।

अब बचे थे बाकी कि ६ घंटे, मेरी अच्छी दोस्त होने के नाते उसे पता था कि मुझे बच्चे बेहद पसंद है और मैं बच्चों के साथ जब रहती हूँ तो खुश रहती हूँ, तब उसने मुझे सुझाव दिया कि क्यों न मैं कियान से मिलने जाऊँ और उसके साथ वक़्त बिताऊँ।

दोस्तों कियान बहुत ही प्यारा और मेरे एक पारिवारिक दोस्त का दो साल का बेटा है, जो मुझे बेहद पसंद है और मुझे उसके साथ खेलना, उससे मिलना बेहद पसंद है।

मुझसे उससे मिलने जाना है, इस ख्याल से ही मुझमे एक स्फूर्ति आ जाती थी और मैं बेहद खुश हो जाती थी, तब मैंने अपने खुश होने के टास्क में इस बच्चे की मदद ली, मैं लगभग हर रोज़ उनके घर उसके साथ खेलने चली जाती, उसके साथ बहुत सारी selfie क्लीक करती और घर आकर भी वही pictures देखकर मैं खुश होती रहती, मैं भूल जाती थी कि मेरी बैंक में कितना पैसा है, या कब मुझे कौनसा बिल भरना है।

और इसी आदत को लगभग मैंने तीन महीने तक जारी रखा, मैंने पाया कि रेवती की बताई हुई आदतें Meditation Visualisation, book reading, affirmation और सपनो को डायरी में लिखना और Abrahim hicks के videos सुनने और कियान के साथ खेलने में मेरा वक़्त कैसे निकलता मुझे पता ही नहीं चला और मैंने धीरे-धीरे महसूस किया कि लगभग हर दिन मेरे मन में, मेरे दिमाग में और मेरे शरीर में एक नयी ताकत और एक अजीब-सा जोश होता, जो मुझे एक सफल और खुशहाल ज़िन्दगी का रास्ता दिखा रहा था।

तब मुझे एहसास हुआ की मेरा बैंक बैलेंस अभी भी लाखों में नहीं है, पर मेरे जीवन में खुशियाँ लाखों की है, क्योंकि मैं खुश रहने की कला को समझ चुकी थी।

और इस खुश रहने की आदत की वजह से हर रोज़ मैंने महसूस किया कि यूनिवर्स मुझे बहुत मौके दे रहा है खुश रहने के।

और दोस्तों, मुझे 2011 में जब लगभग रोड पर छोड़ दिया गया था आज वही मैं अपनी बच्ची के साथ, जहाँ घर का किराया, बच्चे की फीस से कभी फुर्सत ही नहीं मिली, मैंने अपना 45th जन्मदिन, अपनी बच्ची और भतीजी के साथ Bangkok में मनाया, जहाँ पैरासेलिंग करते समय आसमान में मैं ज़ोर-ज़ोर से चिल्ला रही थी, क्योंकि मुझे पता था धरती तक मेरी आवाज़ नहीं पहुँचेगी और इस वक़्त में यूनिवर्स की साथ आसमान में हूँ

THANK YOU Universe पता नहीं कितनी बार मैंने ज़ोर-ज़ोर से कहा, मुझे समझ आ गया था कि अब मेरी ज़िन्दगी में कोई उतार चढ़ाव नहीं है बल्कि मुझे सिर्फ़ चढ़ना है, और भरना है ऊंची उड़ान।

ये मेरे जीवन की पहली विदेश यात्रा थी और जो रेवती के मार्गदर्शन की वजह से मेरे खुशहाल जीवन की एक सफल यात्रा भी थी और अब मैं जान

चुकी थी की, थोड़ी-सी दिनचर्या बदल कर, अपनी नयी आदतों से और रेवती के मार्गदर्शन से मैं ज़िन्दगी में सफलता कि ओर जा रही हूँ।

एक नयी दिनचर्या और बेवजह खुश रहने की आदत से अब यूनिवर्स मुझे हर रोज़ एक नयी वजह देने लगा खुश रहने के लिए।

दोस्तों, आप में से कितने लोग है जो बोर होते है, क्या कभी जानने की कोशिश की है कि बोर होने के कारण क्या है?

इस lockdown में मैंने देखा, मेरे कई दोस्त बहुत परेशान थे, जबकि उनके पास अच्छा घर, पैसा, परिवार सब था, पर वह खुश नहीं थे, कई लोग घर में अकेले थे, स्वस्थ थे, पर परेशान थे और उनका दुःख का कारण था वे अकेले में बोर होते है और उन्हें या तो काम, या बाहर घूमना, या किसी का साथ ही खुश रख सकता है।

lockdown में सर पर छत है, खाने का सारा स्टॉक है, पर फिर भी आप दुखी है, डिप्रेशन में है, 14 दिन के कारण्टीन से कई लोगों ने उनकी रिपोर्ट आने के पहले ही आत्महत्या कर ली, ऐसी खबरें देखकर लगा कि मानव कितना कमज़ोर है, जबकि मानव जन्म ही कई जन्मों और अच्छे कर्मों के बाद मिलता है और वह हमने सिर्फ़ इसलिए गँवा दिया क्यूंकि सरकार ने कुछ दिनों के लिए, मात्र 14 दिनों के लिए आपको आइसोलेशन में रखा था, इतना कमज़ोर कैसे हो सकता है मानव, Quarantine में आपको दूसरों से मिलने के अनुमति नहीं थी पर खुद से तो मिल सकते थे।

दोस्तों, ये किताब जो आपके हाथों में है ये lockdown का ही परिणाम है और मुझे पता भी नहीं चला कैसे ये दिन निकल गए।Lockdown शब्द कई जिंदगियों के लिए डिप्रेशन का कारण बना पर मैंने इसे अपनी किताब का Title बनाया, बस यही फर्क है सोच का,और खुश रहने की कला का,मान लिया तो खुश नहीं तो रोने के कारण तो बहुत मिल जाएंगे जीवन में,ये आपको तय करना है आप क्या चुनते है।

क्यूंकि ये वक़्त मेरे लिए एक अवसर था, जब मुझे ना तो काम की कोई deadline थी और ना ही बच्चे की पढाई की चिंता, ये एक मौका था मुझे अपने आप से मिलने का, अपनी प्रतिभा को टोटलने का और उस से अगर कुछ सृजन हो तो मैं कर सकू। क्योंकि मेरी खुशियाँ मेरे हाथ में थी।

आप चाहते है आपसे कोई मिलने आये या फिर आप किसी से मिलकर ही खुश होंगे, तब आपसे ज़्यादा दयनीय स्थिति किसी की भी नहीं है, क्योंकि आपकी ख़ुशी दूसरों पर निर्भर है, आपकी ख़ुशी कोई भी व्यक्ति आपसे मिलकर

बढ़ा सकता है और जब चाहे अगर आपके साथ न रहकर आपकी खुशियाँ छीन भी सकता है।

क्या इतने निर्भर है आप खुश होने के लिए। क्योंकि आप अपनी स्वयं की कंपनी में बोर हो रहे हैं और अपसेट है। दोस्तों से मिलना, किसी के घर जाना, बाहर पार्टी करना, ये सब आपकी खुशियाँ बढ़ा सकते है पर इनके बगैर आप खुश हो ही नहीं सकते ये थोड़ा आत्ममंथन करने वाली बात है।

मैंने अक्सर देखा, पति ने पत्नी से बात नहीं की, ऑफिस से फ़ोन नहीं आया, आप दुखी हो गए, मतलब आपकी ख़ुशी के डोर आपने पति के फ़ोन कॉल को दी हुई है, किसी दोस्त ने चार दिन बात नहीं की, आप परेशान हो गए और जब चार दिन बाद उस दोस्त ने आपको फ़ोन लगाया तब आप खुश होने की बजाय उस से शिकायत में वक़्त गँवा रहे थे।

आज आपकी बेटी का स्कूल में झगड़ा हो गया, उसको दुखी देख कर आपकी ख़ुशी रफूचक्कर हो गयी॥ मेरा कहने का मतलब है, ये ज़िन्दगी है, हर वक़्त हर व्यक्ति आपके लिए उब्लब्ध हो ऐसा नहीं हो सकता, छोटी-सी बात पर गुस्सा आया आपकी ख़ुशी उस गुस्से ने छीन ली, यहाँ तक की आप दुखी है इस बात की ज़िम्मेदारी भी आप लेना नहीं चाहते, आपके पास कभी कोई स्थति है, तो कभी किसी रिश्ते में मनमुटाव, कभी पैसा तो कभी असफलता, क्योंकि मानव प्रवृति है दोषारोपण।

एक बात गाँठ बाँध ले " दूसरों की खुशियों में आप शामिल हो सकते है पर दूसरे को ये कहना कि वह आपको खुश रखे तो ये ग़लत होगा।

सच तो ये है दोस्तों, आपकी खुशियों के ज़िम्मेदार भी आप है और हकदार भी आप ही होंगे। ये डोर किसी स्थति या व्यक्ति के हाथ में मत दीजिये। और ढूँढिए उन कारणों को जो आपको पूरा दिन खुश रख सकता है, जिस दिन आप अकेले में खुश होना सीख गए तब कोई भी बाहरी स्थति आपसे आपकी ख़ुशी नहीं छीन सकती उस दिन दोस्तों आपका ज़िन्दगी भर खुशियों से वास्ता है जाएगा।

तो अगले चैप्टर की और बढ़ने से पहले वह एक कॉपी में वह सारे कारण लिखिए जिस से आपको ख़ुशी महसूस होती है और रोज़ ऐसी ही कुछ आदतों को शामिल कीजिये अपनी दिनचर्या में की आप २४ घंटे न सही बल्कि १० घंटे दिनके खुश रहकर बिता सकते है, ये दस घंटे किस दिन २४ घंटे ले लेंगे आपको पता ही नहीं चलेगा और मुस्कुराहट आपके जीवन का हिस्सा और सफल होना आपका किस्सा बन जाएगा।

मैं अक्सर मुस्कुराती रहती हूँ, क्यूंकि जब अंतर्मन खुश होता है तो आपके चेहरे पर एक मुस्कान हमेशा के लिए छा जायेगी।

खुश रहने का काम आपका है और आप ही है जो अपने आपको Motivate कर सकते है हमेशा, Motivation का भी हमारे इस सफर में बहुत महत्त्व है चलिए जानते है इसे अगले चैप्टर Motivation में।

☙

9. Motivation/प्रेरणा

जब सफ़लता के सफ़र में आपने मेरे साथ चलना शुरू कर ही दिया तो आपको ये बताना ज़रूरी होगा कि इस सफ़र में आपको शायद कोई साथी न मिले, दोस्तों ये सब से बड़ा सच है, जिस दिन आप बड़े सपने देखना शुरू करेंगे, या तो आपके मित्रो की संख्या कम हो जायेगी या फिर आपके आस पास वह होंगे जो आपसे आपका सपना चुराने के कोशिश करेंगे, आपका मज़ाक बना कर, आपका मनोबल कम करेंगे।

क्यूंकि ये मानव प्रवृति है जब वह ज़िन्दगी में तरक्की नहीं कर पाता और हार मान लेता तो अपने हारे हुए अनुभव से जो तकलीफ होती है वह किसी और को न हो, इसलिए वह पूरी कोशिश करता है सलाह देने के तरीके से, लॉजिक्स और प्रैक्टिकल बातें बताकर आपको आगे बढ़ने से रोकने की, क्योंकि ये उसकी सोच होती है कि बड़े सपने देखना बड़े लोगों की बातें है।

आपको वही आगे बढ़ा सकता है जो खुद आगे बढ़ा हो, या फिर खुद को प्रेरित करके आगे बढ़ना ही सही होगा, ये रास्ता शुरू में आपको अकेले भी तय करना पड़ सकता है पर जैसे-जैसे आप सफल होते जाएंगे और आपके जीवन में बदलाव आएंगे, लोग आपके सफ़र में जुड़ते जाएंगे।

मैंने जब ये तय किया था कि मुझे अपना संघर्ष ख़त्म करना है और मैं खुश होना चाहती हूँ, यकीन मानिये, रेवती के अलावा मेरे जीवन में कोई भी नहीं था मुझे प्रेरित करने के लिए, मैं अकेले ही Meditation करती, Affirmations लिखती, अब्राहिम हिक्स के वीडियोस सुनती, कियान के साथ खेलकर अपने आपको खुश रखने का प्रयास करती या फिर vision board और magical box में अपने सपने संजोती।

यकीन मानिये मेरे साथ कोई नहीं था, क्योंकि जब आप इस सफलता के सफ़र पर चलते है तो नियमानुसार आपको लोगों की बुराई, अपने बारे में अपनी कोई मज़बूरी या अपनी कोई दुखभरी कहानी ये सब किसी को सुनाना या सोचना बंद करना होता है, मैंने महसूस किया कि अब मेरे दोस्तों का मेरे पास फ़ोन आने का सिलसिला लगभग बंद हो गया था, क्योंकि मानव प्रवृति

आपका रोना सुनना चाहती है, आपसे लोगों के बारे में बुराई या अपने दुःख सुनाना चाहती है।

पर जब आप ये सब में उनके सहभागी नहीं होते तो वह आपसे दूर होते चले जाते है और फिर कोई नया दोस्त ढूंढ़ते है वही बातें करके अपने आपको तसल्ली देने की, ऐसे में आपको स्वयं को मोटीवेट रखना होगा, आपको आपके सपने ही प्रेरित कर सकते है, अपने सपनो के साथ आपको वक़्त बिताना होगा, धीरे-धीरे जब आपकी ज़िन्दगी में परिवर्तन आएगा, वह सब बिछड़े दोस्त कुछ नए दोस्तों के साथ आपका अनुभव लेने और आपसे सीखकर आपके साथ चलने लगेंगे।

आज मेरे साथ इसी रास्ते पर मेरी बेटी, मेरे भाई, मेरे कई दोस्त जुड़ चुके है बड़ी बातें, बड़े सपने देखने की लिए, क्योंकि उन्हें भी ये राज पता चल गया, की बड़ी सोच से बड़े सपने देखने से बड़े होते है, कठिन परिश्रम से नही।

दोस्तों कई लोगों के लिए ये तर्क वितर्क का विषय हो सकता है पर ध्यान रखे किसी को समझा कर तर्क जीतने की कोशिश न करें, उसे अपने तर्क के साथ जीने दे आप अपने सपनो के साथ चले। इसीलिए ये सफ़र अकेले तय करें और स्वयं को मोटीवेट रखे।

और जब भी आप अपने आपको अकेला पाए तो आप समझ जाए की सफलता आपके साथ चल रही और आप उसका हाथ थाम ले।

अपने आपको मोटीवेट करना बहुत कठिन है है, बल्कि जब आप अपने अंदर एक सपना लेकर उसे पाने के कोशिश में लग जाएंगे और दिन रात आप में उत्साह रहेगा, वही भावना आपको प्रेरित करेगी और यही प्रक्रिया मोटिवेशन कहलाती है।

दोस्तों मुझे मेरे ऑफिस का काम बहुत पसंद है, मुझे ख़ुशी मिलती है जब मैं अपना काम करती हूँ।

पर कई बार मैंने देखा लोग अपने ऑफिस में थोड़ा-सा वर्क लोड बढ़ने पर शिकायत शुरू कर देते है या विचलित हो जाते है, वहीं अगर मुझे ऑफिस से कितना भी काम मिलता मैंने कभी न तो शिकायत की और न ही उसका जिक्र क्योंकि मुझे मेरा काम पसंद है और कितना भी वर्कलोड हो न तो मैं विचलित होती हूँ और न कोई शिकायत।

पर खाना बनाना मुझे कभी भी पसंद नहीं आता और मैंने हमेशा अपने घर में कुक की मदद ली, क्योंकि में जानती थी ये काम मुझे पसंद नहीं और अपने आपको परेशान करके घर का खाना बनाना सही नहीं है, कुक ने मेरी परेशानी

हल कर दी, बस इस तरह जो पसंद नहीं है पहले उस सिचुएशन को बदल लो या फिर उसमे मन लगा लो, तभी आप अपने आपको मोटीवेट रख सकते है, अथवा बहुत जल्द आप उस सिचुएशन से दूर जाना चाहेंगे या अपने मन को अशांत करके हमेशा परेशान होंगे।

जब मुझे lockdown में खाना बनाना पड़ा और जो काम मैंने पिछले २० वर्षों में नहीं किया तब अपने आपको मैंने पहले मोटीवेट किया इस सोच के साथ की कुक या house हेल्प के आने से मैं या मेरी बेटी को कोरोना का इन्फेक्शन हो सकता है मुझे इन्हे छुट्टी देनी चाहिए।

और फिर अपनी और अपनी बेटी की सुरक्षा से अपने आप को मोटीवेट किया और ख़ुशी-ख़ुशी सारे काम की ज़िम्मेदारी संभाल ली, उस कुक और हॉउस हेल्प को ख़ुशी खुशी ये कहकर की उन्हें उनका पैसा मिलेगा पर वह अपने घर पर रहे।

तब एक सही नागरिक की सोच और बेटी की सुरक्षा मेरे लिए Motivation बनी।

पिछले तीन महीनो से घर का सारा काम और अब खाना बनाने में मेरा मन लगने लगा क्योंकि अब मैं ये किसी के दवाब की वजह से नहीं बल्कि अपनी मर्ज़ी और ख़ुशी से कर रही थी। जब हम कोई काम अपनी मर्ज़ी से करते है तो हमें वह काम अच्छा लगता है और हमें Motivation मिलता है।

एक कहावत है

"आप उस काम को चुने जिसे आप पसंद करते है, फिर आप ज़िन्दगी भर काम नहीं करते"

इसलिए दोस्तों इस सफ़र में सबसे पहले आपको खुद को मोटीवेट करने के लिए अपना मन पसंद काम चुनना होगा या फिर जो काम आप करते है उसमे मन लगाना होगा। क्योंकि यूनिवर्स का रूल है आप का खुश होना बहुत ज़रूरी है तभी आप खुशियों को अपनी और आकर्षित करेंगे, law of Atrraction से।

<u>किसी ने सही कहा है</u>

हमेशा जीत और हार आपकी सोच पर निर्भर करती है,

मान लो तो हार होगी, ठान लो तो जीत होगी।

चलिए मिलते है अगले चैप्टर में मेरी mentor और मेरी motivational स्पीकर से।

10. Abrahim Hicks/My Mentor/My Motivation/A Pure Soul

ये नाम लिखते ही मेरा मन और मस्तिष्क आदर से, और आभार से भर जाता है।

अपनी सारी दिनचर्या, अपनी सारी आदतें, मेरी बेटी, माता, पिता, दादाजी सब का जिक्र किया है, मैंने अपने इस ४० से ४० करोड़ के सफ़र में, रेवती मेरी दोस्त से मेंने आपको अच्छे से मिलवा दिया पर अगर अब्राहिम हिक्स ये नाम नहीं लिया या इनका जिक्र नहीं किया तो ये सफ़र अधूरा रहेगा, और खुश होने की दी हर जानकारी भी।

जी हाँ दोस्तों, दिसम्बर 2017 में जब मैं साधारण-सी ज़िन्दगी गुज़ार रही थी, जहाँ मेरी सैलरी आने के पहले खर्चे तैयार रहते थे, एक मशीन की तरह बिना इमोशंस के माँ का फ़र्ज़ और अपनी कंपनी का दिया हुआ काम करके एक अच्छे employee की भूमिका निभा रही थी।

सपने क्या होते है ये तो मैं ८ साल पहले ही भूल चुकी थी, ज़िन्दगी जीना सिर्फ़ बिल और फीस भरने तक ही सीमित था, फिर अचानक एक दिन मेरी दोस्त ने मुझे अब्राहिम हिक्स के बारे में बताया और कहा कि ये मोटिवेशनल स्पीकर है उन्हें सुना करो, पर अपने काम की व्यस्तता कि वजह से मुझे रेवती कि बात याद ही नहीं रहती।

रेवती ने पूरे एक महीने मुझे बार-बार कहा कि इनके वीडियो सुनो, पर मुझे समझ ही नहीं आया कि ऐसा क्या है अब्राहिम हिक्स के videos में, जो मुझे रेवती बार-बार कह रही है।

जब रेवती ने देखा कि मैं नहीं सुन रही तो रेवती ने मेरी बेटी को कहा कि mom के पास you tube पर अब्राहिम हिक्स के वीडियोस प्ले करके रख दिया करो, मैं फिर भी नहीं सुन पायी, शायद मेरा कनेक्शन नहीं बना था।

फिर एक दिन रेवती ने खुद घर आकर मुझे ये बताया, उनकी ज़िन्दगी जिस चमत्कारिक तरीके से बदली और जिस ऑस्ट्रेलिया के PR के लिए वह

दो साल से परेशान थी, वह अब्राहिम हिक्स के videos सुनने के बाद दो महीने में उन्हें आसानी से मिला बस शायद यही सुनने की देर थी।

मानव प्रकृति प्रमाण मांगती है, अब मैं जानना चाहती थी की कौन है ये अब्राहिम हिक्स, तब उन्होंने मुझे एक बुक दी "Ask it is given", जिसका जिक्र मैंने आपको पिछले चैप्टर रीडिंग, राइटिंग, और लिसनिंग में किया था, उन्ही के वीडियोस की चर्चा कि थी मैंने, कि मैं उन्हें सुनती हूँ, यही वह बुक है, जिसको पढ़कर सब कुछ बदल गया एक नए रूप में। ये वही अब्राहिम हिक्स है मेरी मेंटर, जिनके बारे में, आपको विस्तार से बताना चाहती हूँ।

मुझसे रेवती ने एक प्रॉमिस माँगा कि ये बुक मुझे पढ़नी है, और अगर समझ नहीं भी आये तब भी कम से कम मुझे उनके २ से ३ वीडियोस देखने है, और ध्यान से सुनना ह।

बस यहीं से शुरू हुई थी मेरी और रेवती की यात्रा, आज रेवती समय की कमी की वजह से मेरे संपर्क में नहीं है, पर ये किताब मेरा आभार और धन्यवाद का माध्यम है, रेवती और अब्राहिम हिक्स के दिया।

दोस्तों अब्राहिम हिक्स के वीडियोस आप you tube पर देख और सुन सकते है, और उनकी लिखी ये बुक Ask it is given ने ' मुझे सब कुछ बता दिया, अब्राहिम हिक्स की और रेवती की टीचिंग्स ने आज मेरा और मेरी बच्ची का पूरा जीवन जादुई रूप से बदल दिया।

अब्राहिम हिक्स की वीडियोस को सुनने का सिलसिला पिछले पंद्रह महीनो से जारी है, प्रतिदिन मैं २-३ वीडियोस रोज़ सुनती हूँ, क्यूंकि जिस तरह रोज़ हम ब्रश करते है, स्नान करते है, अगर चार दिन न करें तो अस्वछता कि वजह से एक दुर्गन्ध आने लगती है हमारे शरीर से और मुँह से, उसी तरह हमारे मस्तिष्क की जब हम बुरी यादें, बुरी बातें, गलत संगती या ग़लत सोच से दिमाग की सफाई नहीं करते तब हमारे मस्तिष्क में भी ग़लत विचारों से अस्वछता आ जाती है और जिसकी सफाई की लिए हम कुछ नहीं करते, धीरे-धीरे ग़लत आदतों और दिनचर्या कि वजह से जीवन ही अस्वच्छ हो जाता है और एक अच्छी स्वच्छ सुगंध हमारे जीवन से चली जाती है।

इसलिए दोस्तों निराशा, नकारात्मक ऊर्जा, जैसी अस्वछता को स्वच्छ करने की लिए हमें ये आदत डालनी होती है कि हम दिन में एक बार या तो कोई अच्छी बुक पढ़े या किसी सही इंसान की बातें सुनकर अपने मस्तिष्क और मन को भी स्वच्छ रखकर ज़िन्दगी को स्वच्छ और सुन्दर बनायें।

आज मैं अब्राहिम हिक्स के साथ और यूनिवर्स के साथ कनेक्ट हो चुकी हूँ, अब कोई भी विश चाहने भर की देर होती है, और मेरे जीवन में आ जाती है।

दोस्तों अब्राहिम हिक्स विश्व भर में लाखों लोगों की ज़िंदगियाँ बदल चुकी है अपनी टीचिंग्स से और जीवन को सरल तरीके से खुश रहने के इतने सरल सुझाव है उनके पास कि आप जब उनसे जुड़ते है तो आपकी ज़िन्दगी सरल बनती जाती है।

“Change your mindset change your life” के आधार पर उनकी टीचिंग्स है जो आपके जीवन को एक नयी सोच से उसे बेहतर बनाने में मदद करती है।

जब आप जो चाहो और वह पाओ उसे Manifestor और Deliberate creator कहते है। जब आप Deliberate creator बनते है तो हर चीज़ जिसके बारे में सोचते है, उसका क्रिएशन हो जाता है, आज मैं अब्राहिम हिक्स की बहुत आभारी हूँ, और तहे दिल से उनका शुक्रिया अदा करती हूँ।

आप सबके साथ उनका नाम शेयर करने का उद्देश्य यही है, की जिस तरह अब्राहिम हिक्स ने मुझे ये एहसास कराया कि हम सब मानव इस धरती पर आये है एक उद्देश्य लेकर, एक अच्छी और सफल ज़िन्दगी जीने का अधिकार है हमारा, और हमें हर ख़ुशी मिलना चाहिए, यही ज़िन्दगी है, जहाँ आपका एक उद्देश्य आपको मिल गया हो और खुशियाँ आपके साथ हो और आप खुश रह सके हर पल।

11. Money and Rich/पैसा और धनवान

पैसा सभी समस्याओं की जड़ है

- पैसा पेड़ पर नहीं उगता।
- पैसा परिश्रम से ही कमाया जा सकता है।
- अमीर लोग केवल अपनी परवाह करते हैं।
- अमीर लोगों के रिश्ते खराब होते हैं क्योंकि पैसे अन्य लोगों की तुलना में उनके लिए अधिक महत्त्वपूर्ण होते हैं।
- अमीर लोगों के पास परिवार नहीं होते हैं, इसलिए उनके पास पैसा बनाने के लिए अधिक समय होता है।
- अगर मेरे पास पैसा है, तो लोगों को मुझसे जलन होगी और इससे मेरा रिश्ता खराब हो जाएगा

अगर पैसे के बारे में ये ख्याल है आपके या आपने अभी तक आपने यही सुना है बचपन से तो वक़्त आ गया है, इन सारे विचारों को दिमाग से निकल कर Reprogramming का।

जी हाँ दोस्तों ४० से ४० करोड़ इस किताब का नाम है और पैसे का जिक्र आखरी चैप्टर में?

जी क्योंकि अब जब आप Law of attraction, Universal rules, Affirmations, Meditation एंड Appreciation, जो सोचोगे वह पाओगे समझ चुके है तो अब पैसा कैसे जीवन में आएगा ये समझाना मुझे आसान रहेगा।

तो सबसे पहले पैसे को लेकर धारणाये आपकी बनी या बनाई गयी है, वह सब हटाकर नयी धारणाएँ अपने Subconscious Mind को बताना होगा, नयी Affirmations, नए मैसेज नयी सोच बनाई होगी।

एक बात अपने जेहन में बिठा लीजिये और बार-बार उठते जागते सोते और हर वक़्त ये महसूस कीजिए कि पैसा हवा कि तरह है, जो आपके चारों तरफ है।

पैसा वह साँसे है जो आप बहुत आसानी से २४ घंटे लेते है, जिनके लिए जब तक मेंहनत नहीं करनी पड़ती जब तक आप मृत्यु शैया पर या हॉस्पिटल में किसी बीमारी की वजह से वेंटीलेटर पर न हो।

पैसा न होना या ज़रूरत से ज़्यादा पैसा न होना एक बीमारी है और इस बीमारी का जल्द से जल्द इलाज होने चाहिए।

पैसा न होना मानसिक रूप से रोगी बनाता है, क्योंकि जब पैसा नहीं होता तो हमें मस्तिष्क में चिंता होती है, घर का रेंट, बच्चे की फीस, राशन और कई सारी बेसिक ज़रूरतें जब पूरी नहीं होती, हमारा मन खुश नहीं होता, हम खर्चों के दवाब की वजह से लोगों से उधार मांगते है, फिर उस उधार को वापस करने की चिंता में फिर मानसिक रूप से परेशान, कई बार पैसा वापस न करने पर रिश्ते ख़राब होते है, दोस्ती ख़राब होती है और फिर उस दोस्ती टूटने का दोष हम पैसे को देते है।

कई बार पैसा कमाने के ग़लत तरीके, यहाँ तक की कई लोगों को चोरी करते, अपने ही लोगों को धोखा देते और कई बार तो हिम्मत हारकर और अपनी ज़रूरत पूरी न होने की वजह से, पैसे की कमीं की वजह से और आर्थिक परेशानी की वजह से कभी दूसरों की जान को और कभी-कभी खुद की जान लेते देखा है।

ये सब की परेशानी पैसा होना नहीं, बल्कि पैसा न होना है।

फिर पैसे को दोष क्यों, पैसे से नफरत क्यों, जो व्यक्ति आपके दोस्त या परिवार में ज़्यादा पैसे कमा रहा है, उस से जलन क्यों, पैसे वालों से नफरत क्यों?

जी हाँ दोस्तों पैसा नहीं होना आपको मानसिक रूप से आपको बीमार करता है और किसी भी तरह का मानसिक रोग इस समाज के लिए सही नहीं होगा, क्योंकि जब आपके पास आपकी ज़रूरत से ज़्यादा पैसा होगा, आप खुश भी होंगे और तभी तो इस समाज में आप किसी की मदद कर पाएंगे।

आज lockdown में कई बड़े-बड़े धनी व्यक्तियों ने लोगों की कहीं पैसों से, तो कहीं गरीबों को खाना खिलाकर, तो कहीं हॉस्पिटल्स में ज़रूरत के Medical Equipments देकर समाज की काफी मदद की, क्या ये पैसे वाले और मन के धनी व्यक्ति हमारे समाज का एक हिस्सा नहीं होते तो कैसे होती मदद ज़रूरतमंदों की?

आप अपने दिल पर हाथ रख कर कहिये की अगर आपके पास आपकी ज़रूरतों से बहुत ज्याद पैसा होता और अगर आप धनवान होते तो क्या आप इस वैश्विक समस्या में ज़रूरतों को मदद नहीं करते?

बिलकुल करते, पर कई बार हमारी पैसो को लेकर जो असुरक्षा कि भावना है वह हमें कई बार पैसे का सही उपयोग, पैसे से दूसरों की मदद न करना और पैसे के लिए कई बार चीटिंग करना हमें मानसिक रोग से ग्रस्त करता है और ये सारे मानसिक रोगों का इलाज़ ज़रूरी है और आपकी पैसे को लेकर ग़लत धारणाएँ, असुरखा कि भावनाएँ हमारे मस्तिष्क से पूरी तरह निकालना होगा।

पैसा हाथ की एनर्जी है, ये एक ऐसी एनर्जी है जो एक हाथ से दूसरे हाथ पास होती है और हमारी ज़रूरत पूरी होती है।

पैसे को अपना साथी बनाकर ये सोचकर की वह आपके साथ एक अच्छे साथी की तरह हमेशा रहता है एक नयी धारणा, एक नयी सोच बनानी होगी, उस पर यकीन करना होगा और धनवान बनना होगा।

पैसा आपका हर पल का साथी है, जो आपकी हर ज़रूरत पूरी करता है और जिस से आपको मानसिक संतोष मिलता है, जब मानसिक संतोष होता है तो मन खुश होता है और जब मन खुश होता है, तो हम हमारे आसपास के सभी लोगों से अच्छी बात करते है, एक तरह की प्रसन्नता हमें मिलती है।

जब हमारे पास भी ज़रूरत से ज़्यादा, असीमित पैसा होता है तब हम अपनी हर ज़रूरत को उसका प्राइस टैग देखे बगैर पूरी कर पाते है, पैसा आपको जगह-जगह की यात्राएँ करने की सुविधा देता है,

पैसा आपको एक तरह की आजादी देता है, मन पसंद घर लेने की, मनपसंद देश या विदेश में यात्रा करने की, मनपसंद रेस्तरां में बिना price देखे मेनू आर्डर करने की, मनपसंद ब्रांड के कपडे, जुते फ़ोन, पर्स, मनपसंद दोस्तों के साथ कभी भी आउटिंग पर जाने की, ज़रूरतमंद की मदद करने की।

समाज के लिए कुछ करने की, निर्धन परिवारों के बच्चों की शिक्षा का ज़िम्मा उठाने की।

ऐसी कई मनपसंद एक्टिविटीज आप कर सकते है, जिस से आप समाज के लिए, अपनों के लिए, कुछ कर सके, ये सब करने की सुविधा और आज़ादी अगर हमें पैसा देता है, तो पैसा होना कभी भी ग़लत कैसे हो सकता है?

जी हां दोस्तों, हर पैसे वाला व्यक्ति धनवान हो ये ज़रूरी नहीं, पर हर धनवान व्यक्ति के पास पैसा है और हमेशा होगा ये ज़रूरी है, क्योंकि पैसे वाला होना और धनवान होना ये अलग-अलग बातें है।

कई व्यक्ति ऐसे है जिनके पास पैसा तो बहुत है पर वह पैसा न तो वह अपने लिए खर्च कर पाते है और न ही किसी और को दे पाते है, पैसा ख़त्म न

हो जाए या कोई उन्हें बेवकूफ बना कर पैसा लूट न ले, जैसे कई अलग-अलग असुरक्षा कि भावनाएँ उन्हें उस पैसे को खर्च नहीं करने देती।

ऐसे कई व्यक्ति हमारे आसपास कभी दोस्तों में तो कभी रिश्तेदारों में देखे जा सकते है, जिनके पास ज़रूरत से ज्याद पैसा है पर आम भाषा में उन्हें धनवान कहने के बजाय समाज में, दोस्तों में और रिश्तेदारों में उन्हें कंजूस कहा जाता है, इसमें उनकी कोई गलती नहीं क्योंकि ये पैसे वाले व्यक्ति अपना कमाया हुआ धन खुद अपने ऊपर भी ठीक से खर्च नहीं कर पाते और बैंक में पैसा रखकर अपने आपको सुरक्षित महसूस करते है।

मेरी ही एक पुरानी मित्र का जब Divorce हुआ तो मैंने उसे इतना बड़ा कदम लेने का कारण पूछा तब उसने बताया, ये इसलिए हुआ क्योंकि जॉइंट फॅमिली में उनके ससुर की कुछ आदतें ऐसी थी की उनके साथ रहना मुश्किल हो गया था और जब पत्नी ने अलग रहने को कहा तो घर में एक युद्ध-सा छिड़ गया और अंजाम तलाक तक आ पहुँचा।

सब कुछ अच्छा था उनके घर में, एक भरा पूरा तीन भाइयों का घर, माता पिता, भाभियाँ, सब कुछ अच्छा था, आपस में प्यार भी था, पर तीसरी बहु एक संपन्न परिवार से आयी थी और अपने घर में ऐसा कुछ उसने कभी देखा ही नहीं था, परन्तु ससुर की पैसे की असुरक्षा कि वजह से उनका घर में जो रवैया था वह सही नहीं था।

पैसे को लेकर उनकी असुरक्षा कि भावना कि वजह से वह घर में शाम को 7 बजे जब अधिकतर घरों में लाइट जला कर दिया बत्ती की जाती है, पैसा बचाने का ग़लत तरीका कि वह अक्सर पूरे घर की लाइट बंद किया कर देते थे, घर में गैस का बचत हो तो बार-बार किचन में आकर बहुओ के काम में दखलंदाज़ी, रात का खाना बनाते समय बिजली का इस्तेमाल होगा तो दिन में ही रात का खाना और बहुत सारी चपातियाँ एक साथ बनवाकर रख दिया करते और अब आपको ताज़ा खाने की जगह हमेशा या तो सुबह की या रात की बनी हुई चपातियाँ खाना होता है।

बहुत ही जाने माने परिवार और ब्याज पर पैसा उठाते थे पर जब बहुएँ घर की सब्जियाँ मंगाती तो सब्जी मार्किट से सड़ी हुई सब्जियाँ को सस्ते दाम में खरीद कर घर ले आते और बहुओ को सौंप देते और अपनी पत्नी और बहुओं से कहते साफ़ करके छांट कर जो-जो अच्छा है उसे बना लो।

मई जून की गर्मी में एयर कंडीशनर वह खुद अपने कमरे में नहीं लगाते बल्कि जब बहु ने लगाना चाहा तो बिल ज़्यादा आएगा कहकर मना कर दिया,

कई बातें बताने पर वह दुखी हो गयी, मैंने पूछा कि तुमने तो संपन्न परिवार में शादी की थी, तब उसने कहा उनके पास पैसा तो बहुत है पर वह बहुत कंजूस है।

मेरी मित्र संपन्न परिवार से थी और शादी भी संपन्न परिवार में ही की थी, फर्क सिर्फ़ इतना था, मेरी मित्र के पिता धनवान है और उसके ससुर पैसे वाले।

तब मुझे एक नयी परिभाषा मिली की आप पैसे वाले तो हो सकते है पर साथ में धनवान भी हो ये ज़रूरी नहीं है।

अगर आप सेहतमंद, खुशमिज़ाज़, अपने और अपने परिवार की खुशियों के लिए, सुख सुविधाओं के लिए, अपनी ज़रूरतों के अलावा जब आप किसी ज़ररूरतमन्दों के लिए पैसा खर्च करते है तब आप धनवान कहलाते है।

धनवान होना न सिर्फ़ आपको पैसे से संपन्न बनाता है बल्कि सुख, शांति, समृद्धी, संयम, सेहत सब साथ लेकर आता है।

दोस्तों यहाँ इस किताब के माध्यम से पैसा कैसे कामना है या पैसा कैसे बचाया जाए, क्या इन्वेस्टमेंट करनी चाहिए या पैसा कैसे दुगुना किया जाए, मैं ये नहीं बताना चाहती, इसके लिए कई बड़े-बड़े जानकारों ने कई किताबें लिखी है।

मैं यहाँ आपको पैसे वाला नहीं बल्कि धनवान कैसे बना जाए ये बताना चाहती हूँ, क्योंकि हर पैसे वाला धनवान हो ये ज़रूरी नहीं पर हर धनवान पैसेवाला होगा ये तय है।

तो आइये कुछ नियम समझने होंगे धनवान बनने के लिए:-

१. वह करिए जो आप सचमुच करना चाहते हैं और पैसा अपने आप आएगा।

पहले जब मैं नौकरी किया करती थी तब पैसे के लिए, अपनी बच्ची की परवरिश की फ़िक्र और सिंगल पैरेंट होने के ज़िम्मेदारी का अहसास ने मुझे कभी भी काम को एन्जॉय नहीं करने दिया, हमेशा अपने काम को मैंने ज़िम्मेदारी और पैसे कमाने से जोड़ा और कई वर्षों तक नौकरी करने के बावजूद न तो कभी काम को मैंने एन्जॉय किया और न ही पैसे को लेकर मेरी स्थिति में सुधार आया, कई बार तो महीनो तक सैलरी नहीं मिलती थी और मैं पैसे कमाने को बहुत मुश्किल समझती।

मेरी हमेशा ये धारणा रही की इतना आसान नहीं है पैसा कमाना पर जब सोच बदली तो दुनिया बदली।

पिछले दो वर्षों से मैं एक बहुत बड़ी कंपनी के साथ जुडी हूँ और अपने आसपास इतने सकारात्मक लोग मेरी टीम में है कि कभी काम, काम नहीं लगा और धीरे-धीरे मैं अपने समयानुसार जब काम करने लगी तो मुझे नौकरी का एहसाह ख़त्म हुआ और मैं अपने काम को एन्जॉय करने लगी, जब मैं अपना काम करती तो मुझे पता ही नहीं चलता के कब तीस दिन निकल गए और अगली सैलरी आ जाती।

ये एहसास ने मुझे इतना खुश किया, इतना संतोष मिला कि अब मैं पैसे कमाती नहीं थी बल्कि अब मैं पैसे को आकर्षित करती हूँ Law of Attraction से।

अब ये आसान-सा लगता, क्योंकि की अब मैं नौकरी नहीं बल्कि अपना मनपसंद काम करती हूँ। ये था मेरा पहला चरण पैसे के लिए।

एक सकरात्मक रवैया मुझे मिला जब मैंने नौकरी शब्द को हटाकर ये सोचा कि मैं वह कर रही हूँ जो मुझे पसंद है और देखते-देखते इतनी आसानी से इस company के साथ कब दो साल निकल गए मुझे पता ही नहीं चला।

दोस्तों जब आप अपना मन पसंद काम चुनते है तब आपके साथ ये सोच कि ये आपकी हॉबी है, पैसा अपने आप आने लगता है, आज जब मैंने इस किताब को लिखने का सोचा तो मुझे ये नहीं लगा कि मैं पैसा कमाने के लिए कोई काम कर रही हूँ, बल्कि मेरे अंदर ये भावना थी की मेरी ही तरह मैं किसी और की ज़िन्दगी को बेहतर बनाने में मदद कर सकती हूँ।

इसलिए दोस्तों नौकरी नहीं कीजिये, पहले अपना मनपसंद काम चुनिए, जिसे करने में आपको प्रसन्ता महसूस होती हो और फिर देखिये पैसा आपका साथी बन जाएगा, हर पल साथ रहने वाला साथी।

२. सभी धन की शुरुआत दिमाग से होती है। दौलत विचारों में है-पैसों में नहीं

पैसा कमाने से पहले उसकी सोच, पैसा होने के विचार, फिर आप पैसा कमाएंगे नहीं, आकर्षित करेंगे।

दोस्तों जैसे हर सपना पहले आँखों में होता है, ठीक वैसे ही पहले पैसे को दिमाग में लाइये, आँखों के उसके होने के सपने बुनिए, पैसा अपने आप आएगा। बस दिल लगाकर और ईमानदारी से अपने काम करते जाइये।

पैसा होगा तो आप क्या-क्या कर सकते है, उस बारे में सोचिये, क्योंकि हर धनवान व्यक्ति ने पहले दिमाग में पैसा बनाया है फिर हकीकत में पैसा आकर्षण से आता है, पर पैसे के लिए सोच शिद्दत से होनी चाहिए, पहले आपको यूनिवर्स को ये बताना होगा क्यों चाहिए पैसा, लिस्ट बनाइये कहाँ खर्च करना है, कितना खर्च करना है, कितने पैसे आप को हर महीने चाहिए ज़रूरत के लिए, एक आराम से और सुख पूर्वक जीवन जीने के लिए, कितनी आपकी Annual income होनी चाहिए।

जितना और जितने विस्तार से आप पैसे के बारे में दिमाग में सोचेंगे, उतना ही पैसा attract करेंगे, इसीलिए मेरी राय है, जब भी सोचे बड़ा सोचे, सोच को सीमित न करें क्योंकि ब्रह्माण्ड में आपके लिए असीमित पैसा है, घबराएँ नहीं और न ही संकोच करें, पैसा आपका सबसे अच्छा और हमेशा हर पल काम आने वाला साथी है, बड़ा सोचे बड़ा पाए, ज़्यादा सोचे ज़्यादा पाए।

३. अंतिम परिणाम देखने की कोशिश

ये सबसे आसान और कारगर तरिका है पैसा आकर्षित करने के लिए, हमेशा अंतिम चरण या end result देखने की कोशिश करें, जैसे अगर आप कोई बिज़नेस शुरू करना चाहते है, तो ये न सोचे कितना पैसा, कैसे और कब आएगा। बल्कि एक दिनचर्या बना ले और एक दृश्य बना ले, जिसमे आप को आखरी परिणाम देखना है जैसे बिज़नेस शुरु होने के बाद, आप रोज़ घर से अच्छे कपडे में एक लैपटॉप का बैग हाथ में लेकर अपनी गाड़ी में जिसे ड्राइवर चला रहा है, अपने ऑफिस जा रहे है, वहाँ अपने ऑफिस में सभी employees को काम करते, आपकी बातें सुनते हुए किसी कांफ्रेंस रूप में और एक अच्छा दिन ख़त्म करने के बाद आपका घर आना, हर रोज़ आपके बैंक में पैसे क्रेडिट हो रहे है, आप सबको सैलरी दे रहे है, सब एम्प्लोयी बहुत खुश है, बिज़नेस में आपको अपने परिवार के साथ वक़्त बिताने का अवसर भी मिल रहा है और एक अच्छे ख़ुशहाल परिवार और खुश होते हुए देखे, लोग आपकी प्रशंसा कर रहे है।

इस तरह दृश्य को अपने Meditation और visualisation में शामिल करें और जब आप ये दृश्य देख रहे है, आपके शरीर और मस्तिष्क में एक अलग ही स्फूर्ति है और उसे महसूस करें, खुश होकर आप यूनिवर्स को धन्यवाद दे रहे है, बस इसी दिनचर्या को शामिल करें और बाकी सब यूनिवर्स सम्भालेगा, कैसे आपके पास नए-नए सुझाव आएँगे, पैसों का इंतज़ाम होगा और कुछ समय बाद, महीने साल या दिन, कभी भी जब यूनिवर्स से आपकी

vibration मैच हो जायेगी, हूबहू आपकी ज़िन्दगी में फिर वही दृश्य का सर्जन होगा, क्योंकि हर बात का दो बार सर्जन होता है पहले मस्तिष्क में फिर रियलिटी में।

४. सही नजरिया पैसे के लिए

पैसे के लिए सही नजरिया, पैसा बहुत आसानी से मिलता है, पैसा हरदम आपके ज़िन्दगी में होता है, पैसा का आवागमन आपकी ज़िन्दगी में बहुत ही आसान है, पैसे से ज़िन्दगी बहुत ही आसान होती जाती है, जैसे-जैसे आपके पास पैसा बढ़ रहा है, आप और humble, generous और kind होते जा रहे है।

पैसे से आप अपने परिवार को हमेशा खुश रख पाते है, जब भी आप पैसा खर्च करते है वह दुगुना होकर आपके पास वापस आ जाता है, सभी bills pay करके आपको बहुत ख़ुशी मिलती है, पैसे से दूसरों की मदद की जा सकती है और वह भी ख़ुशी का अलग ही अनुभव है। इस तरह पैसे के लिए बहुत ही आसान रवैया आपको बनाना होगा। फिर देखिए पैसा और आपका धनवान होना कितन सहज और आसान है।

५. पैसे या पैसे की हर चीज़ को प्यार से देखे

एक जानवर भी प्यार की भाषा समझता है, आप सड़क पर जाएंगे और एक जानवर को देखकर उसे दुत्कारेंगे तो वह दूर चला जाएगा वहीं अगर आप सिर्फ़ उसे प्यार से पुचकारेंगे और आवाज़ देंगे वह आपकी तरफ प्यार से आएगा।

एक साधारण नियम है ये, की जो भी कुदरत की बनाई हुई वस्तु हो या व्यक्ति हर जगह लागू होता है।

मैंने अक्सर धनवान और निर्धन व्यक्ति में एक आदत देखि है, कोई भी धनवान व्यक्ति न तो पैसे से नफरत करता है और न ही किसी महंगी वस्तु से, जब भी कोई धनवान व्यक्ति किसी बड़े मॉल या shopping centre में जाते है, किसी भी प्रोडक्ट को डिस्प्ले में देख उसे खुश होते है और

wow की भावना लाते है और खरीदना हो, तब ही प्राइस टैग देखते है।

पर निर्धन व्यक्ति अगर ऐसी ही स्थति में कोई बड़ी वस्तु को देखकर खुश होता है, उसके पास जाता है उस पर लगा प्राइस टैग देखता है और अगर वह महंगी है तो फ़ौरन बहुत ही ग़लत तरीके से उसे टैग को छोड़कर उस चीज़ से मुँह मोड़कर चला जाता है और वह कभी वह चीज़ नहीं पाता, क्योंकि उस चीज़ की प्रशंसा किये बगैर हमने उसके प्राइस टैग को देखकर उसे छोड़ दिया।

आपके द्वारा छोड़ी गयी कोई चीज़ आपके पास कभी नहीं आएगी जब तक आप अपना किसी भी महंगी वस्तु, घर, कार कपडे, जूते, कोई भी प्रोडक्ट को देखकर अपनी प्रतिक्रिया नहीं बदलेंगे वह आप तक कभी नहीं आएगी।

फिर क्या करें, मेरी मेंटर अब्राहिम हिक्स ने एक सुझाव दिया इस आदत को धीरे-धीरे बदलने के लिए और अपनी आर्थिक स्थति को सुधारने के लिए।

एक आदत बनाये, हफ्ते में एक बार या महीने में एक बार अच्छे से तैयार होकर, सहूलियत अनुसार पैसा पर्स में रखे और किसी बड़े माल या शोप्पिंग सेंटर में जाए, वहाँ आपको कोई भी चीज़ को देखकर बहुत ही प्यार से उसे देखे, क्योंकि आपके पास पैसा है तो ये महसूस करें की आप उसे खरीद सकते है और संतोषजनक भावना के साथ आगे बढे, आपके पर्स में रखा पैसा आपको खर्च नहीं करना है पर कई चीज़ें देखकर ये महसूस करना है कि आपके पास पैसा है और आप उसे खरीद सकते है, धीरे-धीरे आपके subconscious mind की reprogramming हो जायेगी और महंगी वस्तुओं को देखकर नफरत नहीं बल्कि आप उसे पा सकते है से आपकी सोच replace हो जायेगी।

ये क्रम आप हर हफ्ते हर महीने आवश्यक रूप से करें, ऑनलाइन से कई चीज़ें देखकर उसे अपने cart में डालती जाए और यूनिवर्स और subconscious mind को बताते जाए की आप वह खरीद चुकी है, बस यही करना है, बाकी सब आपका Subconscious mind करेगा।

क्यों, कैसे, में न पड़ कर आज से ही शुरू कर दे, लगभग तीन महीने तक ये करें आप खुद बदलाव महसूस करेंगे अपनी आर्थिक स्थति में और धीरे-धीरे हर महंगी चीज़ खरीदने के क्षमता आपकी बढ़ती जायेगी।

ये सब कैसे होगा क्यों होगा ये कभी हम रूबरू मिलेंगे तब बात करेंगे पर तब तक ये मेरा निजी अनुभव समझ कर आप भी बिना देरी करे शुरू कर दे, क्योंकि ४० दिन का वादा है आपका आप वही करेंगे जो इस किताब में है, ज़िन्दगी की बेहतरी के लिए।

६. बैलेंस लाइफ

सिर्फ पैसा है, सेहत नहीं तो उस पैसे को एन्जॉय कैसे करेंगे, सेहत भी है, पैसा भी है वक्त नहीं, तब भी खुशियों में कहीं कमी है, पैसा भी है, सेहत भी है वक़्त भी है पर परिवार या दोस्त नहीं तो किसके साथ खर्च करेंगे?

कहने का तात्पर्य है, ज़िन्दगी में एक बैलेंस बहुत ज़रूरी है, आज मेरे पास मेरी बच्ची, मेरा परिवार और सबके साथ अच्छा समय बिताने का वक़्त है,

सुखसुविधों के लिए ज़रूरत से ज़्यादा पैसा, एक अच्छा carrer है और सेहतमंद शरीर और मेरे चेहरे पर एक मुस्कराहट चार सच्चे दोस्त और मेरे लिए यही मापदंड है एक सफल व्यक्ति और ज़िन्दगी का जब सब कुछ है तो वही है बैलेंस लाइफ।

मैं आज बहुत खुश और संपन्न हूँ बस यही ख़ुशी मैं हर एक व्यक्ति के चेहरे पर देखना चाहती हो, उपाय बहुत सीधे और सरल है, बस करने की देर है।

12. Celebration/उत्सव और जश्न

हर दिन दीवाली और हर दिन जन्मदिवस

"Celebrate what you want to see more off"| TOM PETERS

यानी की जश्न मनाये जो आप और अधिक देखना चाहते है।

जी हाँ बहुत कुछ है इस एक कहावत में, अगर आप उनमे से है जिन्हे जश्न इसलिए मनाना पड़ता है क्योंकि शास्त्रों में लिखा है या होली दीवाली मनाने का कारण अगर एक रीत है और शास्त्र कहते है और सदियों से लोग इसका जश्न मानते है।

जन्मदिन और एनिवर्सरी, क्या बस यही है मौके आपकी ज़िन्दगी में जश्न के?

या फिर "ज़िन्दगी एक जश्न है और इसे रोज़ मनाना चाहिए।" और आप भी जीते है दिल से ज़िन्दगी को।

जी हाँ दोस्तों, आप ज़िंदा है, सेहतमंद है, हर रोज़ आपकी सारी ज़रूरतें पूरी हो रही है, और घर में बच्चे और बुजुर्गों की उपस्थिति है, आपके पास काम है और उस काम से हर महीने आपकी कंपनी आपको सैलरी देती है, चार अच्छे और सच्चे दोस्त आपके जीवन में है, तो ये सबसे बड़ा मौका है और कारण है आपके लिए जश्न मनाने का।

जब आप रात में सोते है तो क्या कोई गारंटी है कि सुबह आपकी आँख खुलेगी ही और आप एक नया दिन देखेंगे, ये गारंटी किसी के पास नहीं पर जब हर सुबह आपकी आँख खुलती है और आप अपने आपको अपने परिवार के बीच अच्छी सेहत के साथ अगर एक नया दिन देखते है, तब ये वक़्त जश्न मनाने का है, ज़िन्दगी ने आपको एक दिन और दिया जीने का और अपने परिवार और दोस्तों के साथ रहने का, तो फिर सुबह उठकर उदासी या बिना मुस्कुराहट का चेहरा क्यों??

आँख खुलते ही एक उत्साह भरी आवाज़ में यूनिवर्स को धन्यवाद दीजिये और कहिये बल्कि ये वादा कीजिये की ये दिन आप पूरी धूमधाम से याने जश्न की तरह मनाएंगे। क्योंकि दोस्तों हर किसी को ये सुख नहीं मिलता है।

पर ये जो मानव प्रकृति है न इसे आदत है जो मिला है उसे taken for granted लेने की, और मशीन की तरह रोजमर्रा कि ज़िन्दगी जीने की, और जब कोई पूछता है कैसा चल रहा है तो बहुत ही रटा रटाया-सा जवाब "बस सब ठीक है, या बस चल रहा है"।

ये शब्दों से निकली उदासी से अच्छी से अच्छी एनर्जी भी नकारात्मक ऊर्जा में बदल जाती है, जबकि ये हमारा भाग्य है कि हमने नयी सुबह देखि, हमारी आँखें भी ठीक से काम कर रही है देखने का और पूरे शरीर के सारे अंगों ने रात भर काम किया, जब आप सो रहे थे तब भी आपका हृदय अपना काम कर रहा था, आपका मस्तिष्क काम कर था, अगर इनमे से एक भी सही तरीके से काम नहीं करता तो क्या आपकी सुबह वैसे ही होती जो अभी है, फिर सुबह की शुरुवात एक नयी ऊर्जा और ईश्वर को धन्यवाद के साथ क्यों नहीं?

क्यूंकि ये जो मानव प्रवृति है न, इसे जब बहुत कुछ मिलता है और मिला हुआ है, उसपर जश्न मानाने की बजाय जो नहीं है, जो नहीं हुआ, और जिसका कोई अस्तित्व ही नहीं है उसपर विचार करके चिंता करके दुखी होने की आदत, और जो मिला है उसकी कद्र न करने की और रोने की आदत हो गयी है और इस आदत की वजह से इंसान हमेशा दुखी रहता है या फिर हर नहीं सुबह को रोज़ की आदत मानकर बिना किसी ख़ुशी के जीता रहता है।

दोस्तों आप जो साल में एक बार जन्म दिवस मनाते है, आपको नहीं लगता हर सुबह जब आपकी आँख खुलती है वही आपका नया जन्म है और इसका जश्न मनाया जाए?

कई लोगों के पास या तो काम नहीं है या फिर किसी बीमारी की वजह से काम करने लायक शरीर नहीं है, और अगर आप भाग्यवान है और आपके पास दोनों है तो क्या ये बहुत बड़ा कारण नहीं है जीने का और जश्न मनाने का?

दोस्तों मानव जीवन अपने आप में ही एक बहुत बड़ी उपलब्धि और कई जन्मों के अच्छे कर्मों की वजह से आपको ये जीवन मिला है और कई वर्षों से आप इस धरती पर है मानव जीवन में, ये ज़िन्दगी ही बहुत बड़ा जश्न है, इसे मनाना शुरू कीजिये।

छोटी छोटी-सी खुशियों को नज़रअंदाज़ न करके उन्हें बड़ा रूप देकर इस उपलब्धि का जश्न मनाये, फिर देखिये जैसे-जैसे आप छोटे-छोटे जश्न मनाना शुरू करेंगे, आकर्षण के नियमानुसार आप आकर्षित करेंगे जश्न मनाने के और अवसर अपनी ज़िंदगी में।

सुबह आँख खुली जश्न मनाइये और शुक्रिया कीजिये उपरवाले का कि आपके शरीर में जीवन है और आप अपने परिवार के साथ है।

स्वस्थ शरीर और अच्छी सेहत है, जश्न मनाइये क्योंकि कई लोग वर्षों से दवाइयों पर ज़िंदा रहने की कोशिश करते है, उनसे जानिये अच्छी सेहत की कीमत क्या होती है, और अगर आपके पास है, तो जश्न मनाइये।

माँ, पत्नी या बहन ने आपको भोजन पका कर थाली लगा कर दी, खुश होकर धन्यवाद दे और इस बात का जश्न मनाये की आपके घर और जीवन में ये रिश्ते मौजूद है और आप भाग्यवान है।

उनसे पूछिए जो अनाथ है, जिनका कोई नहीं वह तरस जाते है अकेले जीवन में एक अच्छे रिश्ते के लिए, आपके पास बहुत रिश्ते है, Celebrate ।

दिनभर में बहुत कारण मिलेंगे आपको जब आप सोच सकते है कि जो आपको उपलब्ध है वह क्या सबको उपलब्ध है? अगर नहीं तो आप भाग्यशाली है, भगवान् की कृपा है आप पर और ये आपके शुभ और अच्छे कर्मों का फल है, तो धन्यवाद दीजिये हर उस रिश्ते को और जश्न मनाइये इस बात का कि आपके पास हँसता खेलता परिवार है।

यकीन मानिये दोस्तों मैं ये पिछले पंद्रह महीनो से कर रही हूँ, मेरी ज़िन्दगी में मेरी बेटी और मैं हर रोज़ जश्न मानते है, बेटी का रिजल्ट आया तो घर में केक काटने का अवसर मिला, नौकरी मिली केक पर थैंक्यू लिखवाया और घर में केक काटा, आज सैलरी आयी सबसे पहले बेटी को उसकी मनपसंद chocholate लेकर उसे सरप्राइज किया और उसके चेहरे की मुस्कुराहट मेरी ज़िन्दगी का सबसे बड़ा सेलिब्रेशन है।

काम में प्रमोशन हुआ केक काटा, आज कई महीनो बाद माँ साथ रहने आयी तो आज हलवा पूरी खीर बनाना तो बनता ही है माँ के स्वागत में।

दूसरे शहर में भाई रहते है और आज उनका बर्थडे है, हम उनके पास नहीं पर फ़ोन पर वीडियो कॉल पर हमनें अपने घर में केक काटा।

बच्ची का बड़े स्कूल में एडमिशन हुआ हमने केक काटा। आज बच्ची को शतरंज में सिल्वर मैडल मिला, हमने केक काटा, बहुत दिन से घर ढूँढ रहे जिस दिन मिला और शिफ्ट हुए हमने केक काटा, अमेरिका जाने कि लिए बच्ची को वीज़ा मिला हमने जश्न मनाया।

चार दोस्तों को घर पर भोजन के लिए आमंत्रित किया और दिन के चार घंटे उनके सबके साथ हँसते हुए बीते तो हम सब ने मिलकर हैप्पीनेस का केक काटा।

दोस्तों केक या पेस्ट्री सहूलियत अनुसार जो उपलब्ध हो हम लाकर उसे काट कर जश्न मनाते है, केक का कनेक्शन सेलिब्रेशन के साथ है, इसलिए हर ख़ुशी कि उपलक्ष्य में केक काटकर हम ज़िन्दगी में हर दिन को, हर उपलब्धी को जश्न मनाकर हम धनयवाद कहकर यूनिवर्स को भी शामिल करते है उस जश्न में, और यूनिवर्स हमें बार-बार नए अवसर देता है सेलिब्रेशन का।

ये महज एक सिंपल लॉ ऑफ़ अट्रैक्शन है, यकीन नहीं तो आप केक काटने के अवसर ढूँढिए और शुरू कीजिये, फिर देखिये कितने जश्न मनाएंगे आप जीवन मे।

"आज को अच्छे से जिए, आनेवाला कल,
फिर वह एक सुनहरा आज बनकर आपकी ज़िन्दगी में आएगा।"

ज़िन्दगी अगर हॅसते खेलते निकल रही है तो दोस्तों उन समय को याद करके वक़्त न गवाएँ जो या तो जा चूका है या अभी आया ही नहीं है। "आज देखे और इस आज को जिए पूरे दिल से।"

दोस्तों जीवन और सेहतमंत ज़िन्दगी अपने आप में एक जश्न है, खुश हो जाइये और जिए जश्न से।

13. Conclusion and Summary/निष्कर्ष और सारांश

दोस्तों सबसे पहले बधाई आपको, अगर आपने इस पेज तक का सफ़र तय किया है मेरे साथ।

दोस्तों कई बार एक छोटा-सा इशारा ईश्वर का, आपको बता देता है, कि अब बद्लाव कि ज़रूरत है या आप एक बेहतरीन ज़िन्दगी के हक़दार है। ये किताब अगर आप तक पहुँची है तो ये इसी बात का प्रमाण है।

दोस्तों आप सबको धन्यवाद, इस सफ़र में मेरे साथ जुड़ने के लिए, ये मेरी सिर्फ़ पंद्रह महीने की दिनचर्या है जिसमे मैंने कुछ नयी आदतें जोड़ी, तो कुछ पुरानी आदतें छोड़ी, बचपन से जुडी कई सोच को बदला और एक नहीं सोच को अपनाया है, छोटे-छोटे आसान से बदलाव किये पर परिणाम इतने बड़े है मेरी ज़िन्दगी में की मैं अपने आप को रोक नहीं सकी ये सब आपके साथ शेयर करने से, क्यूंकि कुछ नयी सोच से अगर आपका जीवन बदलता है और खुशियाँ आती है, तो अपने तक सीमित रखना ग़लत होगा।

दोस्तों अगर भगवान का दिया हुआ सब कुछ है आपके पास और आपकी ज़िन्दगी भी बहुत खुशहाल है तो मेरी आपसे एक गुजारिश है, की कोई ऐसा व्यक्ति जिसे जीने का उत्साह हो और उसे बेहतर कैसे बनाया जाए इसकी जिज्ञासा, जिसमे एक लगन हो और जो अपने जीवन से बहुत कुछ पाना चाहता हो तो कृपा करके उसे ये किताब भेंटस्वरूप दे और पढ़ने के लिए कहे, पर अपने तक सीमित न रखे, ये दिनचर्या ये नयी आदत अगर मुझे ४० से ४० करोड़ तक सफ़र पर ला सकती है तो किसी को भी ला सकती है, यूनिवर्स न तो आपका रंग देखता है न रूप, न ये देखता है कि आप की आप एक छोटी से कुटिया में रहते है या बहुत बड़े आलिशान घर में, हर किसी को खुश होने का पूरा हक़ देता है ब्रह्माण्ड।

वह व्यक्ति आपका ड्राइवर हो सकता है, या आपकी बिल्डिंग में सफाई कर्मचारी, आपके घर में सफाई के लिए आने वाली हॉउस हेल्प या फिर किसी सिग्नल पर किताब बेचने वाला छोटा-सा बच्चा, किसी को भी ये बुक देकर उसको एक बार पढ़ने और ज़िन्दगी को नया आकार देने का अवसर ज़रूर दे। ।

इस बुक को हिन्दी और साधारण बोलचाल की भाषा में लिखने का उद्देश्य यही है कि इसे हर व्यक्ति पढ़ सके, क्यूंकि हम सब जिन्हे एक उच्च शिक्षा लेने का सौभाग्य प्राप्त हुआ हम किसी बुक स्टोर से जाकर बहुत सारी self help बुक खरीद कर पढ़ पाते है, और अपने जीवन में बदलाव भी ले आते है, और अपनी मदद करते है, जो मैंने भी किया पर हमारे ही समाज में रहने वाले निम्न वर्ग या कम पढ़े लिखे व्यक्ति जो मजबूरी की वजह से या आर्थिक स्थति की वजह से इस तरह की किताबें न तो खरीद पाते है और ना पढ़ पाते है, तो समाज के इस उच्च वर्ग में रहने वाले हम सब की ये ज़िमेदारी है की हम उनकी मदद कर सकते ये उन्हें ये किताब पढ़ने को कहकर।

ये उस सारी बड़ी-बड़ी सेल्फ हेल्प से सीखी गयी और अब्राहिम हिक्स की दी हुई टीचिंग्स से मेरे जीवन में आये बदलाव लाने का एक सफल और सरल फार्मूला है, एक छोटा-सा सारांश है जिसमे मैंने हर उस आदत या दिनचर्या का जिक्र किया है जिसने मेरी ज़िन्दगी को बहुत खूबसूरत बना दिया, जिसे पढ़ना और समझना हर वर्ग के लिए आसान हो और वह भी बदलाव ला सके अपने जीवन में।

बस मैंने जो किया वह आप भी कर लीजिये, और इस क्रम को आगे बढ़ाइए, और अगर आप भी इसे अपना कर आपकी ज़िन्दगी में बदलाव लाते है और आपका सफ़र भी ४० से ४० करोड़ तक पहुँच जाए तब आप भी कोशिश करें की किसी को ये दिनचर्या बताकर उसके के जीवन में अच्छे बदलाव ला सके।

बस इसी उम्मीद के साथ एक बार फिर आप सबको बहुत-बहुत धन्यवाद और आप सब दोस्तों को मेरा आभार व्यक्त करती हूँ कि आपने मेरे इस सफ़र को अपना वक़्त दिया।

Thank You So Much, जल्द ही फिर मिलेंगे आपसे मेरे अगले सफ़र मे।

दोस्तों यहाँ मैं आपको कुछ videos और लिंक्स शेयर कर रही हूँ,अगर संभव है तो एक बार ज़रूर देखे, जब आप भी ४० से ४० करोड़ तक से सफर पर निकलेंगे ऐसे कई साथी आपको इस सफर में अपने अनुभव से आपकी मदद करेंगे.

Some Youtube channels and Video Links

https://www.youtube.com/watch?v=hBuDtzSGtvQ

https://www.youtube.com/watch?v=fgrvKnqbC0M

https://www.youtube.com/watch?v=pDhpFXa1jf8 vision board

https://www.youtube.com/watch?v=b4m0eUb-o6A 555 technique

https://www.youtube.com/user/AbrahamHicks Abrahim Hicks

https://www.youtube.com/watch?v=YZztmveS4fU Magickal Box Mindvalley

https://www.youtube.com/watch?v=__8mol-K9As

"ये मायने नहीं रखता की आप कहाँ से आये है, मायने ये रखता है की आप जा कहाँ रहे है",दोस्तों मेरी ढेर सारी शुभकामनाएं, आपके नए सफर के लिए.

to be continued........

౸౩